그림자 속의 향기

다람살라에서의 38년, 청정 비구의 순례와 수행과 봉사의 기록

그림자 속의 향기

Dharamsala

청전 지음

담앤북스

책을 펴내며

1987년 7월 1일 인도에 첫발을 디딘 후 달라이 라마 존자님과의 인연으로 다람살라 한자리에서 38년을 지냈습니다. 가끔 한국을 방문하면 아직도 인도에 있냐고, 나이가 적지 않으니 이제 돌아오는 것이 어떻겠냐고 안부를 겸해 묻는 이들이 적지 않습니다. 하지만 저에게는 아직 다람살라가 '고향'입니다.

책으로 소식을 전한 지도 5년이 지났으니 지금은 어떻게 지내는지 궁금해하실 것도 같아, 그간 제가 살아온 이야기를 글로 정리해 보았습니다.

강원도 영월 정암에서
비구 **청전** 두손 모음

목차

4 　책을 펴내며

인도 땅 자체가
좋은 수행 공간

12 　내 생애에 성인 성녀를 만나다
20 　다람살라 나의 집
25 　티베트 전통 무문관
　　　흑방 폐관 수행
35 　갑골문자와 신탁의식
42 　꺼지지 않는 신심의 등불
47 　인도에서 알게 된 숨은 이야기들
62 　입보리행론入菩提行論
71 　카르마파의 탈출, 인도 망명

청정 비구로
잘 살아가겠습니다

88 　나의 주식 먹거리
95 　커피와 짜이
99 　세상의 많은 친구와
　　　별스러운 나라
112 　세상의 묘지
130 　구약성서의 모세 어른이
　　　십계명을 받았다는
　　　시나이산을 오르다
145 　성산 난다 데비
154 　심마니와 하룻밤
162 　우크라이나의 추억
176 　이등병 졸병 때 이야기
187 　이 시대에 성직자에 대한
　　　나의 분노

사람을 돕는 일이
최고의 불공

196 라다크 라마유루 곰빠의 하룻밤 인연으로
205 장춥 노스님
210 링세 곰빠의 보배 체링 왕뒤 스님
219 바나나 이야기
228 팔십 넘은 라다크 노스님들이 일생 처음 보는 바다
240 아홉 비구의 성지순례 44박 45일
250 말 배우기, 까까르 콩

인도 땅 자체가

좋은 수행 공간

내 생애에
성인 성녀를 만나다

   1987년 7월 1일. 인도에 도착한 첫날이다. 누구나 인도에 첫발 디딘 날을 잊지 못할 것이다. 인도의 묘한 느낌을 흠뻑 뒤집어쓴 첫날 말이다.
   네팔을 거쳐 인도로 들어왔는데 당시는 지금처럼 현대식 공항이 아니고, 비행기가 멈추면 트랩에서 내려 버스로 한참 이동한 후 공항 건물에 들어오는 식이었다. 거기다 실외 온도 45도의 살인적인 폭염. 건물로 들어가는 입구에, 합장한 두 손 위로 "부처님 나라에 오신 것을 환영합니다(WELCOME TO BUDDHA LAND)."라고 쓰인 글귀가 잊히지 않는다.
   어렵게 들어온 인도 천축 땅. 힘든 여행길을 많이 다녀 봤지만 이 인연으로 다람살라 한자리에 38년을 머물게 됨을 그때 어찌 상상이나 했으랴!

유구한 인도의 역사적 문물이야 말해 무엇하겠는가. 지금 타지마할 입장료가 1,000루피(우리 돈 약 17,000원)를 넘는데 당시엔 단돈 2루피를 내고 들어갔다.

내가 인도 땅에서 오래 살게 된 것은 다름 아닌 참사람을 만나게 된 것이 첫 번째 이유이다. 지금 아흔한 살이신 달라이 라마를 만났고, 콜카타에서 마더 테레사를 만났다. 정말 놀라웠다. 만나서 악수하는 순간, "아! 성인이시구나!"를 몸으로 체험했다. 말이나 글로는 표현할 수 없는 큰 감동, 온몸에 전율이 일었다.

이런 놀라운 체험을 주신, 말하기 어려운 참사람(진인)을 만남으로 인해 내가 살 곳은 바로 인도, 참수행을 평생 이어 가겠다는 결정을 자연스럽게 하여 지금까지 이 한자리인 것이다. 길다면 긴 세월에 큰 공부 수행은 없지만 늘 감사의 나날, 축복의 나날로 살아간다.

특히나 오래 살다 보니 히말라야를 넘어 라다크 지방의 곰빠(절)와 노스님, 사미승들과 자연스레 가까워지면서 그곳의 열악한 삶의 이면을 알아가게 되어 더욱 이 한자리에 고마워하고 있다.

아직도 문명의 최대 이기물利器物이라 하는 전기가 없는 라다크 산골 곳곳의 곰빠와 산간마을. 이곳에 계신 분들에게 어떻게 조금이라도 도움을 드릴까 하다가 이제는 해마다 방문하며 약품과 돋보기안경, 보청기, 학용품, 심지어 양말과 손톱깎이까지 나른다.

요즘은 태양열로 가동되는 인도산 소형 전기장판을 곰빠는 물

인도 콜카타에서 만난 마더 테레사(1987년 10월).
이 만남의 순간, 테레사 수녀님의 맑은 영성이 그대로 나에게 전달되었다.

론 곳곳의 고산 마을에까지 배려하는 일을 한다. 흙집의 겨울 혹한은 견디기 어려운 고통일 텐데 부실한 화롯불로 끼니를 만들어 가며 긴긴 겨울을 난다.

'문 랜드(Moon Land, 달의 땅)'라는 별명을 가진 라다크 지방의 고산지대, 즉 라다크 주의 행정도시 레(Leh)의 최저 해발은 3,650미터이다. 영국이 인도를 지배하기 전에는 티베트 땅으로서, 티베트와 같은 몽골리안에 언어, 문자 등 풍습이 똑같았다. 영국 통치 때 금 그어진 국경선이 인도 독립 이후 고정되어 인도 땅이 되었는데 근래에는 중국, 파키스탄의 국경 분쟁으로 이어지고 있다.

그곳에 사는 사람들은 일 년 내내 맑은 설산 아래서 농사짓고 유목하며 살아가는 주민들이다. 요즘은 이런 순수한 자연환경이 세상에 알려지며 세계 곳곳에서 온 관광객들이 버리고 간 쓰레기와 주민들의 생활용품 처리로 애를 먹고 있다.

지난겨울에는 뜻밖에도 인도 북동부의 아루나찰프라데시(아삼 지방) 주를 방문할 수 있었다. 물론 까다로운 허가서부터 많은 제약이 따랐다. 이곳은 외국인이 들어가기 어려운 지역 중 하나로, 중국과 인도의 경계선이 자리하고 있는 민감한 곳이다. 이곳 역시 옛날엔 티베트 땅이었지만 영국 통치 때 그어진 국경선으로 인해 인도 땅이 되었다.

험한 산악 지역에다 겨울철 방문이라서 추위와 폭설에 잠자리가 늘 힘들었다. 주민들 삶을 보면서, 어찌 그리도 가난 속에서 힘겹게 살아가는지 애처로운 마음이 저절로 일었다. 그래도 다행인 것은 전기가 들어와 문명의 이기물을 사용할 수 있었는데, 그렇다 해도 산악지대 특유의 먹거리 한계로 늘 부족함이 배어 있다.

추위를 견딜 인도산 전기장판을 힘닿는 대로 매년 겨울 전에 공급하기로 했다. 멀고 먼 지역이라서 나르는 데 문제가 컸지만 그곳 아삼 수도 가우하티에 공항이 있어 항공화물로 그 무겁고 부피 큰 전기장판을 공급할 수 있음은 매우 큰 다행이었다.

인도에 오래 살며 나와 인연 맺어진 히말라야권 곰빠와 산간 주민들이 사는 곳 중 몇 군데는 꼭 허가서(Inner Line Permit)를 받아야 들어갈 수 있다. 불편함과 까다로운 조건을 감수하며 매년 파키스탄 국경과 티베트 국경 지역을 방문한다. 거기에도 우리와 똑같은 인간, 똑같은 사람들이 살기 때문이다.

한번은 정말 문제가 터졌는데, 매년 허가서를 얻고 들어가는 나에 대한 철저한 조사가 있었으니, 의심을 받은 것이다! 그런 민감한 지역을 매년 오가다니 무슨 꿍꿍이가 있는 것 아닌가 하고, 내가 방문한 지역 곰빠와 학교, 마을까지 샅샅이 조사한 것이다. 그것도 한 사람이 아니라 여러 인도 정보원들이 나눠서 조사한 것이었다.

그리고 각각의 보고서를 종합해 보고는, 약을 주고 학용품 등을 나눠 준 것을 알고 나를 '착한 의사(Good Doctor, 명의)'로 결론을 내렸다. 또한 그런 조사 내용을 뉴델리의 한국대사관에 통보함은 물론, 다람살라 이민국에까지 어떤 외국인 누구가 이러이러한 사람임을 알려 주는 공식 서류가 전달되었다는 것을 어느 일요일에 알게 되었다.

　세상에나! 이민국 직원들 가족과 함께 많은 사람이 찾아온 것이다. 노인에서부터 아기들까지. 처음엔 영문을 모르고 긴장하고 있었는데 알고 보니, 당신이 이런 훌륭한 의사임을 알아 우리가 아프니 약을 얻으러 왔다는 것이었다. 물론 나는 의사가 아니며 어떤 의료 수업도 받아 본 적이 없다.

　절간의 노스님이나 주민들이 공통으로 하소연하는 것은 무릎, 허리, 어깨가 아프다는 것이다. 나이 들어 가며 누구나 겪는 신경통 하소연. 가끔은 치통이나 생리통, 두통 등 기본 처방으로 낫는 통증 정도이니 전문 약이 아닌 진통제나 영양제로 거의 완쾌된다.

　사실 그분들은 평생 어떤 의약품도 먹어 보지 못했기에, 내가 주는 일반적인 약들이 만병통치약이 된다. 영양제도 값비싼 것이 아닌 비타민이나 대중적인 '삐콤'이다. 놀라울 정도로 효과를 본다.

　내가 가면 아예 무릎 약, 빨간 약을 달라고 한다.(참고로 '삐콤'의 알약은 빨간색.) 매년 200~300통을 쓰는데 참 많이도 써 왔다. 1000정들이로서 이처럼 대용량인지 몰랐다. 그 외 연고류와 항생제, 위장약 정도로 그 넓은 라다크 지역의 사람들에게 도움을 드린다.

　이렇게 해마다 여름이 되면 라다크의 곰빠와 주민들을 찾아가는 것이 이젠 무언의 약속이 되어 버렸다. 가끔 특수한 약을 써야 하는 사람들은 시내의 약국이나 병원으로 안내한다.

 인도에서도 당뇨나 고혈압 등은 전문 의사의 처방 없이는 약을 구할 수 없다. 그리고 시술이나 수술로 해결해야 할 사람은 겨울에 다람살라로 나오게 하는데, 주로 백내장이나 치아 문제 등으로 인연 닿는 대로 도움을 준다. 다람살라에는 제법 큰 병원이 있어 눈 시술이며 틀니 시술, 또 인도 사람에게 취약한 신장결석 수술까지 할 수 있다.

 나도 이젠 나이가 들며 몇 년 전부터는 한국에 머무는 기간이 있는데 봄 가을은 한국에서, 여름 겨울은 라다크와 다람살라에서 지낸다. 지난겨울엔 일이 많이 생겨 무려 넉 달 반을 다람살라에서 살았다.

 내 인생에서 수행 철학은 남을 배려하는 게 바로 수행임을 알아차리는 것이다. 달라이 라마께서도 보리심(이타행)의 실천이 불자로서 행해야 할 첫 번째 덕목임을 누누이 강조하신다.

 나는 존자님이 계시는 한 다람살라를 떠나지 않을 것이다. 참스승으로서, 참인간 수행자로서 절대 의지의 스님. 그러면서도 겸손하고 위선 없음에. 그 연세에 책을 보며 공부하는 스님으로서 말이다.

 어찌 보면 인도 땅 자체가 좋은 수행 공간이라 본다. 이 나라 카스트의 모순과 빈부 차이를 그 누가 해결할 수 있을까!

2007년 7월 라다크의 틱세 곰빠.
한 노스님 무릎에 파스를 붙여 드린다.
내 인생에서 수행 철학은
남을 배려하는 게 바로 수행임을
알아차리는 것이다.

다람살라 나의 집

 내가 사는 다람살라 집은 인도인 소유로 제법 현대생활 구조를 갖춘 이층집이다. 집을 지을 때 아예 네 가구가 사는 아파트형 생활 구조로 잘 지었다. 각각 방이 두 칸, 욕실, 부엌을 따로 갖췄고 넓은 베란다 공간도 있다. 이 베란다 덕에 화분을 많이 들여놔 꽃나무와 선인장을 기르는 재미가 있다.
 집 전망이 좋은 건 당연. 그 넓은 깡그라 평원이 한눈에 들어오는데 왼쪽은 설산 주령이 가히 아름답고 아침에는 일출이 늘 힘차게 시작된다. 단, 우기 때는 산이고 해고 운무와 비로 거의 가려진다. 그래도 이 집은 조용하며 네 가구의 사람들이 조용히 자기 삶을 이룬다. 다 외국인이다.
 집주인은 노부부로 이 지역에서 높은 신분의, 대대로 이어져 오는 좀 부잣집이다. 우리가 거주하는 지역에서 가까운 곳에 자기들의 수려한 집이 있는데 인도 부잣집답게 둘이 살아가지만 요리사, 정원사, 운전사, 게이트 맨(문지기)이 있다. 지난해에 주인양반이 여러 합병증으로 세상을 떠났다. 주인집 아주머니는 친척이랑 함께 살아간다.

이 집 내 방에서만 근 20년을 살아가니 정도 들었다. 어느 날 내 아랫방에 새로운 사람이 들어왔다. 그날은 좀 어수선하고, 일하는 인도 사람들이 텔레비전 케이블을 새로 설치하는 등 부산했다.

이튿날 얌전한 한 할머니가 예의를 갖춰 내 방에 올라왔다. 좀 나이 들어 보이는 영국 할머니다. 자기 소개와 함께 이름은 린다이고 자기는 고양이를 기르고 늘 텔레비전을 보는데 혹시 소리가 커서 내 생활에 피해를 준다면 바로 말해 달라고 하였다.

문제는 담배를 많이 피우는데 만일 담배 연기로 인해 피해가 된다면 꼭 말해 달라면서 마지막으로는 좋은 이웃으로 살아가자고 하였다. 지내며 알게 된 것인데 하루에 담배를 두 갑 이상이나 피워대는 할머니였다. 하지만 담배 냄새도 문제되지 않았고 텔레비전 소리도 문제는 없었다.

고양이를 얼마나 극진히 키우는지 정말 가관이었다. 일주일에 두 번 양고기 간을 사다가 특별히 요리해서 먹이는 등 좀 이해하기가 어려웠으니까. 어쩌다 위층 내 방에 고양이가 올라와도 내쫓지 않고 무관심으로 대했다. 고양이란 놈도 별 말썽을 안 피우니 그런대로 살아갔다.

 한번은 저녁 10시가 되어 설핏 잠이 들었는데 옆방에서 무슨 소리가 났다. 분명 좀도둑이 들어 방 안 서랍을 뒤지는 정도의 소리다. 우선 놀랐고, 귀가 번쩍 열리며 '이 밤에 누가 들어올 리가 없는데' 하며 조심스럽게 불을 켰다. 내심 도둑이라면 잡기보다는 도망가도록 하는 방편으로.

 그런데도 무슨 소리가 계속 이어진다. 아주 긴장이 되었다. 옆방에 문이 따로 있지만 나만 쓰는 방이라 커튼을 달아 편하게 들락거렸다. 좀 겁을 먹고 옆방 불을 켜 보니 세상에나, 아랫방 고양이가 아닌가. 낮에 들어왔다가 아예 살림을 차린 것이었다. 낮 시간엔 주로 내 방 출입문을 열어 놓고 사는데 그때 살짝이 들어온 것이다.

 우선 안도하고서 나가라는 큰 소리와 함께 눈을 부라리니 후다닥 내뺀다. 만일 정말 도둑이었다면 평생 놀라는 트라우마로 남았을 것이다.

 근 일 년이 지난 어느 날, 린다 할머니가 올라왔다. 이사 온 후 두 번째 올라온 것이다. 무슨 일이 있나 했는데 뜻밖의 말을 한다. 당신이 위층에 살면서 어찌 살아가는지 어떤 소리 하나 없이 사는 게 놀랍다는 것이다. 어떻게 부엌에서 날 수 있는 칼, 도마 소리조차 안 내고 사느냐며 놀랍다는, 어찌 보면 칭찬의 소리였다. 하긴, 내 삶의 취향이란 게 좀 유별나다는 건 인정한다. 우선 조용한 삶, 남에게 피해는 주지 말자는 게 모토였으니까.

그 긴긴 인도 생활에서 영화 한 편 안 봤다. 흔해 빠진 텔레비전도 절대 멀리하고. 어쩌다 한국 들어왔을 때 주위에서 이 영화만큼은 꼭 봐야 한다고 해서 비디오테이프로 본 영화가 두 편 있다. <웰컴투 동막골>과 <태극기 휘날리며>. 보면서 참 많은 눈물을 흘렸다.

그럭저럭 한 삼 년 지나면서 아래층 영국 할머니가 병원에 가는 때가 많아졌다. 멀리 델리의 병원까지 가서 한 달 넘게 머물다 돌아올 때도 있었다. 폐암이라고 했다. 그러다가 자기 나라로 떠나갔다. 이듬해 운명했다는 소식이다.

그런데 할머니가 떠나기 전, 처음 보는 터키(튀르키예) 여인이 그 집에서 살아갔다. 알고 보니 자기가 키우던 고양이를 잘 보살펴 달라는 유언과 함께 거액의 유산을 터키 여인에게 남겼다는 것이다.

고양이가 사람보다 소중한 건지 나로서는 이해가 되지 않았다. 거리에 나가면 늘 마주치는 그 수많은 거지는 사람이 아닌가? 그러나 어쩌랴, 이미 정해진 결과로 그저 지켜볼 수밖에. 아랫방 터키 여인은, 유언대로 고양이에게만큼은 정성을 다해 일주일에 두 번 양고기 간을 사다가 요리해서 고양이에게 먹였다.

시간이 지나면서 그 터키 여인과 말길도 트고 친한 이웃으로 지냈다. 근 5년이 흘렀다. 터키 여인이 하루는 내 방에 올라와 자기도 고국에 돌아갈 채비를 한다며 하는 말이, 린다 할머니가 남겨 둔 유산도 떨어져 가는데 자기가 가고 난 뒤 남겨지는 고양이가 맘에 걸린다는 것이었다. 하긴 5년을 친자식처럼 기르던 고양이였으니 마음에 걸리겠지.

　드디어 터키 여인은 방을 비우고, 마지막 인사를 남기고 자기 나라로 떠났다. 한번은 메일이 왔는데 스페인 마드리드에 자리를 잡았다는 안부 글이었다. 남겨진 고양이는 가끔 보이더니 어느 날부터 완전히 보이지 않았다. 지금은 아랫방에 새 사람이 들어와 산다. 저 멀리 남미 아르헨티나 남자다. 만나면 그냥 인사 정도만 한다.

티베트 전통 무문관
흑방 폐관 수행

　나는 혹한의 라다크에 들어와 있다. 그것도 흑방 수행처인 헤미스 곰빠의 괴창(독수리둥지 암자)을 방문했고, 쩸데 곰빠에 속하는 캐팡 무문관을 참배했다. 해발 4,000미터가 넘는 높은 곳에 자리한 암자로 500년의 전통 수행처다.

　이 암자의 흑방은 원한다고 들어갈 수 있는 곳이 아니다. 죽음마저 받아들이는 초인의 굳은 신념이 먼저 요구되는 곳. 서약서를 남긴다. 정진하다 죽어도 좋다는 서약인 것이다. 또 자격을 갖춰야 한다. 티베트 전통 밀교적 수행방법인 맥脈 기氣 정精의 기본 자량을 갖춘 후에 스승의 허락 아래 천 일을 한자리 한곳에서 수행한다.

　햇빛이 차단된 컴컴한 방, 그야말로 시간이 단절된 곳이다. 안쪽

공간에 빛이 들어오지 않도록 잘 처리된 자그마한 구멍이 하나 있을 뿐이다. 생리작용을 처리하는 대소변 통로이며 교묘히 물줄기가 연결되어 있다.

음식은 보름에 한 번 정도, 이중 틀로 된 자그만 통로(공간)에 밤에 조용히 들여놓을 뿐이다. 짬빠(볶은 보릿가루)와 몇 가지 견과류, 버터, 치즈 가루 등 허기를 면할 정도의 음식만 전해진다.

그러다가 어느 날, 보름 전의 음식이 그대로 놓여 있다면 수행자에게 문제(?)가 생긴 것이든지 아니면 수행자의 깊고 깊은 선정으로 받아들여진다. 다음번에도 그 음식이 그대로 남아 있다면 입방 전 약속된 신호로 문제가 생긴 건지, 깊은 선정인지를 밝힌다. 어떻게?

흑방 입방 전에 약속된 신호가 있는바 그 신호를 보냈을 때 안쪽의 응답이 있으면 죽지 않고 선정이 이어지는 것으로 간주한다. 그런데 어쩌다 신호에 대한 반응이 끝내 없다면 문제가 생긴 것으로 알고 흑방 해체 작업에 들어간다. 즉, 수행 중 죽은 것이다.

1991년 히말라야의 한 곳 흑방 수행처를 찾아갔다. 한 스님이 수행 중 죽었다는 소문을 듣고 일부러 간 것이다. 이미 장례가 치러졌지만 그간의 사건과 그 죽은 스님의 인적 사항 등을 무례하게도 꼬치꼬치 물었고 그곳의 최고 수행 스님도 만날 수 있었다. 죽음을 맞은 스님은 나이가 사십 대였고 고향은 티베트 캄 지방이었다.

농담 반 진담 반으로 내가 훗날 이곳에 오면 천 일 수행의 허락을 받을 수 있는가 물으니, 어렵다고 했다. 우선 그 건강으로는 받아들일 수 없고 또 근본 맥기정 수행이 완성되었을 때나 가능하고 수행 지도자 스님의 점검 확인 통과의식이 필요하다고 했다. 당시 내 수행 수준으로는 예선 탈락이었던 것이다.

티베트 전통 맥기정 수행은 우리나라에서도 간혹 비슷한 수행이 중국 전통 도가 수행으로 이어지는 것으로 안다. 그런 행자들을 더러 만났는데 지금은 그 고귀한 수행법이 상업적으로 타락해 거의 없어지고 있는 것으로 안타까울 뿐이다. 한때 도시 곳곳에서 단학 선원이니 단 수련이니 하는 빨간 간판을 많이 봤을 것이다.

티베트 밀교의 기본 수행에도 다름 아닌 단 수련이 요구된다. 특히 '나로최둑'이란 까규파 전통 수행이 된 성자 나로빠 어르신의 여섯 가지 가르침이다. 첫 번째 갖춰야 할 덕목은 단 수행 - 뚬모 수행이라 해서 스스로 배꼽을 중심으로 불을 일으키는 기본 수행이다. 경험하지 못한 사람에게는 글이나 지식으로 가르침을 줄 수 없는 묘한 신체 생리적 기능이다.

나로빠 성자의 여섯 가지 수행법의 가르침을 받고 우리나라 중국 등지에 전해 내려오는 모든 성자 스님들의 신통 이변을 그대로 꿰뚫어볼 수 있었다. 신라시대 이차돈 성자 순교 때의 하얀 피라든지 서산·사명·진묵 대사와 관련한 신비한 이야기가 그대로 알아차려지는 것이었다. 또 저 멀리 선가의 초조라 하는 달마대사의 전설 같은 이적들이 모두 수행 중에 일어나는 실제의 사건이라는 것. 다만 그 수행법들이 다 단절된 것일 뿐이었다!

라다크와 티베트 국경 지대에 위치한 폐관 수행터.

라다크의 외딴 곳 절벽에 자리한 무문관 암자 적정처.
무문관 안에서는 하루하루가 없다.
시간이 단절된 그저 침묵의 공간일 뿐이다.

예를 들면 더러 어느 큰스님의 좌탈입망했다는 얘기며 억지로 비틀어 자세를 잡은 가부좌의 촌스러운 사진을 보면 그 수행자의 참 수련 진위가 저절로 보이는 것이다. 어디 좌탈입망이 그리 쉬운 것인가!

10여 년 전이다. 존자님 법문 후 질의응답 시간에 한 재가자가 바로 이 흑방 수행에 대해 질문하였다. 시간상 긴 대답은 아니었지만, 티베트 불교의 전통 수행에 대한 찬탄과 이를 이어 가야 함을 이야기하며 이는 인류 정신사에 최고의 정신문화가 될 것이라고 하셨다.

이어 내가 바로 질문을 던졌다. "이 흑방 수행에서 꼭 천 일을 고집해야 합니까? 육 백, 칠 백, 팔 백 일로는 마칠 수가 없나요?" 답하셨다. "마칠 수 없다. 꼭 천 일을 지켜야 한다. 우리 몸의 신비한 구조가 꼼짝 않고 한자리 천 일의 집중 수행이 되었을 때야만 몸 안의 미세 기관들이 범부 자리에서 성자의 기관으로 변하기 때문이다."

그때 나는 큰 얼음을 갖추게 되었고 높은 환희심으로 흑방 수행을 더욱 깊게 받아들일 수 있었다. 그러면서 우리 시대의 어른이신 효봉 스님의 금강산 법기암에서의 일일일식一日一食 토굴 폐관 수행이 그대로 받아들여졌다. 어르신의 피나는 삼 년 토굴 수행 이야기는 제자이신 법정 스님의 말씀으로 알게 되었다. 매일 일식一食의 공양을 해 올리시던 비구니스님께서도 얼마 전 입적하셨다는 소식을 들었다.

　요즘 한국 승가에서도 흔히 무문관, 삼년결사 용맹정진 등 큰 간판을 걸고 수행에 들어감을 듣기도 한다. 가히 수희찬탄할 수행 정진이다. 이 복잡하고 어지러운 시대에 온갖 풍요와 편리를 포기하고 생사를 뛰어넘어 윤회의 결박을 끊고자 하는 스님들의 결의에 경의를 표한다.

　문제는 떠들썩한 시작(입재)의 행사는 있는데 마지막 회향의 행사가 없음이 아쉽다. 즉 흐지부지 그 수행 약속이 없어져 버린 것이다. 입재 의식은 제불보살과의 약속을 의미하는데 부끄럽게도 함부로 그 약속을 내팽개쳐 버린 것이라니.

　더러 어느 절에서는 만일기도 입재라는 커다란 행사를 한다. 하지만 만일기도를 마친 성스럽고 수희찬탄할 회향식이 이어진 곳을 보기는 어렵다. 만 일을 채운다는 게 어디 쉬운가, 27년이 넘는 세월인데.

　오륙 년 전 한 노스님의 만일기도 회향은 확인된 수행 기간으로, 한국에 들어왔을 때 그 노스님을 감히 뵈려고 백양사 말사의 한 절을 방문했지만 뵙지 못하였다. 27년 넘게 한자리에서 만일기도를 성취하시고, 당신 바람대로 먼저 바다를 보고 싶다 하여 그날 아침에 떠나셨다고 하였다. 나는 주지스님의 배려로 기도하시는 노스님의 동영상으로 만족했다. 몇 장의 사진 속, 그대로 청정 비구의 자태가 진심으로 와닿았다!

나는 아직도 그 어른 노스님께 찬탄의 예를 올리지 못했다. 인도에서 잠깐 들어왔지만 당시 코로나 사태 중이라 훗날을 기다리기로 했다. 초인의 의지와 금강의 신심 없이 어찌 천일기도, 만일기도를 성취할 수 있겠는가!

일제시대에 금강산 어느 절에서 신도와 스님 여섯 분이 함께 만일기도를 성취해 마치며 그 자리에서 그대로 육신등공한 전설이 내려오는데 나는 그 이적을 믿는다. 이와 비슷한 수행 일화가 곳곳의 불교 나라에 구전이나 역사적인 자료로 전해 내려오고 있음을 알았다.

내가 오래 머물고 있는 다람살라에서 멀지 않은 곳에 귀또라는 큰 절이 있다. 무슨 일이 있어 고매하신 한 스님을 찾아가 얘기하던 중 스님 한 분을 소개해 준다.

좀 어리숙한 모습이었으나 거동이 잔잔한 오십 대의 편한 스님이다. 아! 이 스님이 바로 3년 흑방 수행을 원만히 마친 스님이었다. 그것도 세 차례나. 전율이 일었다. 천 일씩 세 번의 폐관 수행을 성취한 것이라니.

당시 그 스님과 자리하며 큰 존경심이 이는 반면 나에 대한 무한한 부끄러움이 일어났다. 같은 사람으로서, 승가의 한 부처님 제자로서 수행 기간의 하루하루 수행 과정 등 어떤 질문을 꺼낼 수조차 없었으니 말이다. 사실 흑방 안에서는 하루하루가 없다. 시간이 단절된 그저 침묵의 공간일 뿐이다. 밤낮이 없으니까.

2003년, 헤미스 곰빠의 괴창 천일 무문관 수행이 끝난 후, 그 여섯 명의 스님을 만날 수 있었다. 내게는 그게 큰 복이기도 했다.

흑방 수행이 끝날 때 이미 안으로 신호가 간다. 3년이 지나 흑방을 해체한다는 신호. 그때 안에 있는 스님들은 준비된 빨간 천으로 눈을 가리고 기다린다. 만약 갑자기 빛을 보게 되면 바로 실명失明되는 결과가 된다고. 이후 열흘 정도, 밤이 되면 눈가리개를 조금씩 열어 가며 빛 적응을 한다는 것이다.

나는 그때 흑방 수행을 마치고 눈가리개를 벗은 스님들을 바로 만날 수 있었다. 괴창으로 올라갈 수 없어 큰절 주지스님의 배려로 괴창 스님들이 다 내려온 것이었다.

나는 물론 승복과 신발(구두), 영양제 등 내가 준비한 모든 공양물을 올릴 수 있었다. 천일수행을 마친 여섯 분의 모습 자체에 기가 죽어 버렸지만 당시 그 스님들의 눈빛과 조용한 거동은 평생 잊지 못할 것이다. 그저 합장으로 감사와 찬탄의 예를 올리며 나를 뒤돌아볼 뿐이었다. 과연 내 한 생에 이런 수행을 경험하고 실천해 볼 기회가 있을까?

한 몸의 수행 의지로 한자리에서 침묵으로 정진하며 혹독한 자기 수행을 지켜 나가는 체험이 없는 수행자는 어떤 장광설의 말이라 할지라도 그것은 언어유희가 되기 쉽다. 그러니 듣는 이에게 어떤 감응도 없는 것이다. 다 같은 부처님 제자로, 또 출가한 장부로 이런 폐관 수행을 한 번은 이어 마치는 스님들이 계실 때 미래 불법의 희망이 약속된다. 지켜보는 천상의 신인이며 청정한 재가자들의 눈이 보인다.

　후에 알게 된 것인데 인도인으로 첫 티베트 간덴 티빠(겔룩파 최고 직위)를 역임한 리종 린포체(1928~2022) 어르신도 티베트에서 공부 마치고 당신 절(라다크의 쌈텐링 곰빠)에 돌아오셔서 3년 3개월 3일의 흑방 폐관 수행을 마쳤다. 94세로 좌탈입망하여 현재 등신불로 라다크의 리종 곰빠에 모셔져 있다.

갑골문자와 신탁의식

1989년 12월 31일 새벽 3시는 내 일생에 큰 변화를 준 아주 놀라운 체험의 날이다. 달라이 라마 개인 법당에서 네충 사원 신탁승의 신탁의식을 처음 본 날이다. 그것도 새벽 3시에.

훗날 알게 된 것이지만 그런 종교적 의식에는 관계된 티베트 스님들 외 제삼자는 참석할 수 없다고 하였다. 국가적인 중대사나 종교적 업무에 관한 것으로, 철저히 비밀 의식으로 진행되는 것이었다.

인도에 가서 겨우 이 년 남짓 지나면서 아직 티베트 말과 티베트 글씨를 익혀 가는 때였다. 하루는 달라이 라마 비서실장이 내 방에 와서 "내일 새벽 3시에 왕궁에 입궁하라."는 전갈을 한다. '아니, 일이 있다면 환한 대낮에 부를 일이지.'라고 생각하며 왜냐고 물으니 그는 모른다며 존자님의 전갈이라고만 하였다.

이튿날 새벽 3시에 입궁하여 처음 본 신탁의식은 가히 충격적으로 다가왔다. 인류의 종교의식에 이런 것도 있구나를 처음 경험하며 긴장과 함께 두어 시간의 의식은 참으로 경건했고 좀 겁도 먹은 그런 시간이었다. 달라이 라마께서는 행사 중 내가 자리한 것만 알아차리고 어떤 말씀도 하지 않으셨다.

1973년 대학 2학년 때다. 수업 과목 중 3학점짜리 유교학을 신청했는데 일주일에 한 번, 내리 세 시간을 강의했다. 서울에서 비행기로 내려와 우리 지방대학에서 강의를 마치고 당일 올라가셨다. 성균관대학교 류승국 교수님이었다. 내 일생에 이렇게 귀한 강의를 듣는 일은 흔치 않았다. 빼어난 지식과 지혜의 강의라 헛되게 그 시간을 놓치지 않고 귀담아들었다.

그런데 어느 날 강의실에 가니 '금일 휴강'이란 안내가 붙어 있었다. 사실 학교 다닐 때 누구나 경험했듯이 휴강이라면 우선 수업 안 하니 신이 나는 시간 아니었던가. 또 그날은 세 시간짜리 강의가 아닌가! 그렇지만 다음 주에 내리 여섯 시간의 강의를 들어야 했으니.

첫 시간에는 '지난주 왜 올 수 없었는가.'에 대한 설명이었다. 의외의 말씀이, 중국을 다녀오느라 수업을 빠진 거라며 나에게는 기상천외의 경험담이었다. 중국 어느 지역에서 갑골문자가 발견되어 글자를 해독하러 중국에 다녀온 것이었다.

당시 중국에 간다는 건 상상 이상의 신기함이었다. 1970년대에 공산주의 국가를 다녀오다니. 알고 보니 참 놀라운 일, 즉 몇천 년이 지난 갑골문자 해독이라니. 금석학 학자로서 우리나라와 일본, 중국, 또 서양의 학자 네 분이 함께 갑골문자가 발견된 장소에 간 것이다.

홍콩에 모여 중국 비자를 받고 그 장소에 가서 전문가의 컴퓨터 사진 촬영과 함께 당시 상형문자의 글자를 해독한 것이다. 내용은 지금의 과학시대에 그리 놀랍거나 크게 호들갑 떨 일은 아닌 천문현상이었다. 그날 대낮에 해(태양)가 없어진 변고를 적어 놓은 것으로 지금의 일식이다.

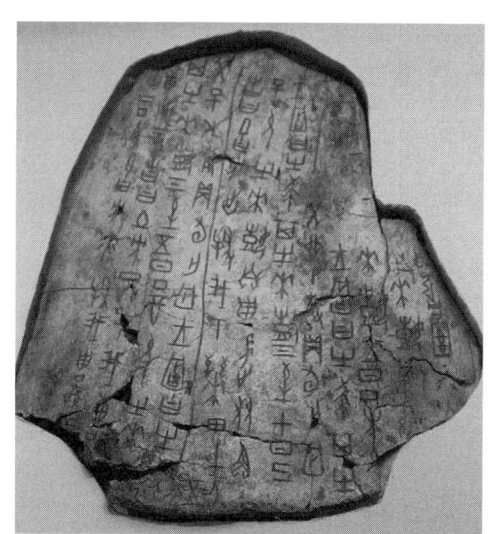
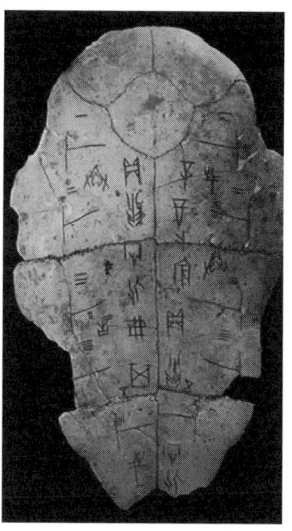

갑골문자. 갑골뼈(oracle bone)는 중국 고대 하은주 시대,
즉 적어도 3,000년 전의 유물이다.

© 대만 대학교 과학교육발전센터

그러나 2,000~3,000년 전에는 놀라운 천지괴변이 아니었겠는가. 그때 학자들답게 영국 그리니치 천문대에 중국 과거 어느 지점에서의 일식이나 월식 천문 현상을 물었더니, 놀랍게도 갑골문자에 그려진 시간과 일치한 답을 보내왔단다. 그 당시 상서로운 동물 거북의 등이나 배 딱지에 글을 적어 하늘에 묻는 의식을 마치고는 소중히 여겨 땅속에 고이 묻은 것이다.

그 의식이란 거북의 등이나 배 딱지에 글을 쓴 후 불에 태워 주녀呪女가 균열을 읽는 것이었다. 즉, 그 변고를 하늘에 묻는 성스러운 의식을 진행하고 왕에게 점괘를 보고하는 일이었다. 나라의 중대사인 다음 왕은 누구, 이웃 나라와의 전쟁 등에 관해 순수한 하늘의 뜻을 묻고 그 결과에 따르는 것으로 당시 주녀는 하늘의 대변인인 것이었다.

그런데 인간사에 어찌 순수함만 이어져 내려오겠는가. 언젠가부터 가짜 신탁, 즉 주녀가 매수되는 불행이 저질러지며 욕망의 왕자리에 오른 술수인의 첫 번째 작업은, 그 주녀를 죽여 거짓 증거를 없애 버리는 것이었다. 하여 주녀 전통이 단절되었다.

그런데 이런 주녀의 문화, 즉 무술(무당)의 역사는 인류 문명사 곳곳에 있어 왔다. 바이칼 호수에서의 길고 긴 무당 역사, 인디언의 주술 문화, 심지어 그리스 시대의 델피 신전을 보라. 인류 문명권에는 꼭 이런 문화가 민중과 함께해 왔다.

우리나라의 태백산과 강화도의 마니산이 그런 역사의 장소였다.

삼국시대에는 소도蘇塗라는 신성한 장소에서 행해졌다. 소도는 삼한三韓의 여러 나라에서 하늘신에게 제사를 드리던 성스러운 장소였다.

그러나 어떤 이유로 그런 숭고한 문명이 대가 끊기며 지구촌에서 거의 없어졌다. 종교를 배타하는 공산국가에서는 철저하게 없애 버렸고, 종교 국가에서는 자기 종교적 교리의 신을 앞세워 우상숭배니 어쩌니 하면서 배격하여 순수 인간 문화의 역사가 단절되어 버린 것이다.

내게는 유교학 강의 중 그날 첫 시간의 설명이 깊이 가슴에 박히며 내가 풀어야 할 하나의 운명적 숙제로 남게 되었다. '과연 주녀의 시작은 언제부터였고 하늘을 대변할 수 있었을까.'라는 생각이 이어졌다.

또 우리 인류 문명사에 사람이 모이면 으레 만들어지는 신이 있었다. 자연신부터 별의별 많고 많은 신들이라니. 고대 이집트나 그리스 로마 시대의 그 많은 신들은 어디서 오고 이젠 어디로 갔는지! 고대 메소포타미아문명이나 인도 인더스문명, 중국 황하문명권의 신들을 우리는 이제 박제된 모습으로 박물관에서나 볼 수 있다.

자, 세월이 제법 지난 1973년의 강의 시간이 바로 1989년 12월 31일 새벽 3시 달라이 라마 왕궁에서의 티베트 신탁승의 종교의식으로 내 눈앞에서 진행된 것이다. 바로 이것이었다. 어느 지역에서

나 신의 역할이 달리 나타나는데 우선 이름이 다르고 의식이 다르지만 내용은 비슷하고 왜 그런 의식이 치러지는지 공통된 뜻을 지니고 있다.

그 많던 신과 인류의 관계 문명이 단절된 이때, 티베트만이 전통을 이어 오는 신탁승의 종교의식이 나에게는 보통 신비스러운 일로 보이지 않았다. 이후 신탁승과 가까운 관계로 이어지면서 내 궁금증이 하나씩 풀려 갔다. 우선 '당신의 입신入神 상태에서 당신 의식은 어디에 있었는가.'부터 하나둘 나 나름대로 알아낼 것들이 많아졌다. 우리나라 무당들이 예식을 치르는 중에 거의가 자기의식은 없다고 한다.

여기서 우리는 기독교 구약성경의 야훼 신을 대변한다는 예언자들의 활동을 잘 살펴볼 필요가 있다. 늘 그들은 미래를 말하는 게 아닌 지금 여기에서 우리가 뭘 해야 하는가를 말하며, 잘못되어 가는 것은 그 자리에서 질타를 했다. 그러다가 중국 고대사박물관에 들렀을 때 갑골문자 표기에서 확 뭐가 풀렸다. 우리말로 신탁 뼈인 것이다. 오라클 본(ORACLE BONE)으로 표기되었다. 다람살라의 신탁승이 '오라클 멍크'라 불리는 이유인 것이다.

다람살라 신탁승은 티베트 불교 호법신의 대변자로서 숭앙받는다. 그 스님의 선언은 절대적이다. 예를 들면 1959년 달라이 라마 일행이 인도로 망명을 떠날 무렵 마지막 신탁을 의뢰했을 때의 선언. "지금이 바로 그때다!"라는 신탁승의 결정적인 말로써 망명길을 결단하여 실행한 것이다.

　그렇다면 나의 수년 동안의 궁금증이 풀리며 뭔가를 알아차리게 된 신탁의식에 나를 부른 달라이 라마의 숨은 뜻은 무엇이었는가. 또 어떻게 나의 궁금증 숨은 의식을 아시고 그 자리에 나를 있게 한 것인가.

　1993년 티베트 성산 카일라스를 도보로 순례하며 체험한 나의 개인적 경험이 많았는데, 순례에서 돌아와 당신을 만난 자리에서 어찌 알고 내가 묻기 전에 말씀을 상세히 해 주셨는가. 나의 지극히 개인적인 종교적 신비체험을 어떻게 알고 있었단 말인가. 이후 이와 비슷한 일들이 많았는데 중요한 나의 수행길에 늘 길을 보여 주셨다.

꺼지지 않는 신심의 등불

 신전에 켜 둔 기름등이 꺼지지 않고 40여 년간 빛을 내며 타고 있다면 과연 누가 그것을 믿을 것인가! 나의 체험이다.
 인도 남부에 망명 티베트 간덴 사원이 있다. 1959년 중국의 티베트 땅 침략으로 인도에 망명 나와 승가를 형성한 근본 사원. 삼보의 하나인 승려의 수행 터를 힘들게 만들어 놓은 사원이다. 2006년인가 보다. 그곳에 계신 아는 스님 한 분이 이상하게도 자그만 힌두 사당 신전의 등불이 수십 년째 꺼지지 않고 그대로 불타오른다고 하였다. 사연은 이렇다.
 이름 없는, 초라하기까지 한 자그마한 마을 어귀의 한 사당. 사당의 신전을 지켜 오던 힌두교 사두(수행자) 한 분이 돌아가셨다. 이후 마을의 신심 있는 한 할머니가 신전을 관리하게 되는데 매일 아침 새 기름등에 불을 켜 두는 일이었다. 그런데 어느 날 보니 어제의 등불이 그대로 타고 있는 게 아닌가! 이상하다는 생각 외 특별한 어떤 행위는 없었고 내일 다시 새 기름등을 켜자는 마음으로 아침 예불을 드릴 뿐이었다.

그런데 아니, 다음 날 새벽에도 그 등불은 변함없이 타고 있었다! 닷새가 지나 무려 열흘이나 꺼지지 않고 등불이 이어지자 이 소문이 저절로 마을에서 마을로 번지다가 드디어 카르나타카 주지사까지 알게 되었고, 주지사가 참배하면서 매스컴을 통해 전 인도에 퍼지기 시작했다.

이후 2002년, 달라이 라마께서 직접 방문하여 이 기름등잔의 불을 이리저리 흔들고 입으로 불어 꺼 보려 했지만 끄덕도 않고 제대로였다. 결국 끌 수 없었고 존자님께서 친히 보시금을 내리며 방문 기념 글을 남겨 두셨다.

"가피의 존엄이 넘쳐나며 무명의 어둠을 없앤 자아광명을 만날 기회가 생겨 기쁩니다. 이에 의지하여 많은 중생들 마음에 평안의 빛이 넘쳐나길 간절히 바라며 기도합니다."

2002년 1월 1일 달라이 라마

우리나라의 순수 민족종교라 할 동학 초창기에 있었던 한 사건을 적어 본다.

수운 최제우 어르신의 제자 해월 최시형 선생이 무릎을 꿇고 말씀드렸다.

"제가 선생님 안 계신 동안 검등골에 쑤셔 박혀 저 나름대로는 열심히 주문을 외우며 공부를 했습니다. 매일 밤 등불을 켜 놓는데, 등잔에 기름이 반 종지기밖에 없었는데 그것이 스무하루 밤을 가고도 남았습니다. 도대체 이것이 어찌 된 일이오이까?"

어르신께서 희색이 만면하여 말씀하시었다.

"아, 이거야말로 한울님의 조화가 큰 실험으로 나타난 것이로다! 그대는 홀로 기뻐하라! 그리고 자부심을 가져라!"

해월 선생이 또 여쭈었다.

"이후로 제가 감히 포덕해도 되겠습니까?"

어르신께서 말씀하시었다.

"덕을 만방에 널리 펼쳐라!"

이 글은 『동경대전』 1권에서 발췌하여 약간의 손질을 한 글이다.

여기서 나라, 민족, 종교가 다르고 세월이 흘렀지만 이런 공통의 과학을 떠난 이적을 무엇으로 설명할 수 있을까. 잘 알다시피 불교에서는 '빈자일등貧者一燈'이라는 부처님 당시의 신심 어린, 꺼지지 않는 등불 이야기를 누구나 알고 있다.

무슨 종교가 중요한 게 아닌, 어느 종교나 순수 신앙과 헌신의 마음가짐이 이런 설명할 수 없는 하나의 신령한 모습을 나투지 않는

티베트 사원의 버터등불.
티베트 불교에서는 사원이나 각 가정집마다
항상 불단에 버터불을 올린다.

가. 모양으로 드러나는 거창한 신전, 성전이 아닌 것이다. 신이나 부처가 큰 사원에 있다는 허무맹랑한 발상이 무명無明으로, 맹목적인 광신인이 되기 쉽다. 흔히 성직자로서 함량 미달인 사람에게 갑작스레 완장을 채워 주면 자기감정의 폭력부터 행하는 게 덜된 사람의 무서운 첫걸음으로 나오기 쉽다. 전쟁터에서나 드러나는, 막말로 내 종교의 신전이 아니라고 무섭게 파괴하며 살육하는 역사의 반복이었지 않은가.

인도에서 알게 된
숨은 이야기들

: 총리 인디라 간디 여인

인도 땅에 오래 살며 우리 한국 사람 눈으로는 알 수 없는 놀라운 일들을 알아 간 것이 제법 된다.

우선 인도 총리로서 두 번째 책임을 맞던 인디라 간디 여사다. "우리 당에 사내란 나뿐이다."라는 여사의 놀라운 말대로 인도 정치사에 많은 기록을 세우기도 했다.

1984년 측근 경호원에게 살해되는 비극의 운명을 맞은 것은 바로 과격한 정치적 실행 때문이었다. 지금도 종교적인 문제가 늘 발생하는 인도라는 다종교 나라의 특성상 하루도 조용한 날이 없다고 한다. 우선 무슬림들과의 문제로 특히 카슈미르 분쟁은 늘 들려오는 뉴스이기도 하다.

1984년엔 시크교도들의 펀자브 주를 분리하려는 연좌데모가 길어지고 과격해지면서 정부 차원에서 군인이 발포하는 무력 진압은 처참했다. 무려 2만여 명의 희생자가 발생하며 사망자만 몇천 명에 이르렀다고 한다. 그것도 시크교도의 성지요 중심인 암리차르의 황금사원에서다.

 내 개인적인 생각은 이렇다. 둘째 아들 산자이 간디가 의문의 비행사고로 죽는다. 며느리는 펀자브 출신의 여인으로 장례를 치르고는 자기 고향으로 가서 시어머니에 대항하는 야당 정치가로 자리한다. 아들이 죽어 맘고생인데 며느리가 시어머니한테 대드는 괘씸한 꼴인 것이다. 마침 펀자브 시크교도의 시위가 이어지면서 고부간의 갈등으로 인한 감정싸움이 결부된 걸로 상상해 보는 것이다.

 그해 시크교도들의 분리 독립 궐기가 과격 진압으로 끝나는가 했는데 그리 쉽게 끝나지 않았다.

 1984년 10월 31일. 달라이 라마는 뉴델리에 전날 내려갔다. 세기의 종교가이며 철학자인 크리슈나무르티는 전날 남부 인도에서 뉴델리로 올라와 있었다. 그날 두 어른은 인디라 간디 총리의 저녁식사에 초청 받아 있었던 것이다.

 사실 인디라 간디 총리는 그냥 정치만 하는 여인이 아니었나 보다. 총리로서 일을 마치면 인도 내의 고명한 인사들을 초대하여 나라 통치에 대한 많은 고언을 들었다고 한다. 주로 학자와 종교인, 예술가 등과 가까이하며 자기 인생길을 다지고 총리로서의 능력과

달라이 라마와 인디라 간디 총리(1959년).

인격도 갖추는 그런 정치가였다.

그러나 여성의 몸으로 나라를 위한다는 철권통치가 반감을 사는 일이 많아졌다. 그날도 평소처럼 10시에 집무실을 나가는데 두 경호원에 의해 무참한 저격을 당한 것이다. 난사당한 즉사였다.

측근 경호원 중에 두 사람이 시크교도였는데 자기 종족과 자기 종교에 대한 원한으로 두 사람이 이런 비극적 살해를 저지르게 된 것이다. 자기들의 뿌리인 황금사원에서의 동족 살상에 대해 용서할 수 없는 원한을 최고 통치권자 살해 실행으로 마친 것이다. 얼마나 한이 맺혔는지 사람 몸에 30발의 실탄을 쏘아 댔다.

장례식에 모인 50만 명 민중들의 시크교도에 대한 끔찍한 보복 살해로 이어지며 전국으로 번져 갔다. 우리의 어머니를 죽인 시크놈을 다 죽이자 하면서. 통계에 따르면 무려 8,000여 명의 시크교도가 죽음을 당했다고 한다.

두 살상자를 모두 나라 법으로 처형할 때까지 4년 넘게 재판이 이어지다가 1989년 1월 7일 공개처형으로 끝났다. 역시 인도인답게 나라의 최고 통치권자를 무참하게 살해한 자의 재판에 4년이 넘게 걸리다니. 다른 나라였다면 즉결 심판으로 처형했을 일이 아닌가.

그날 두 손이 뒤로 묶인 채 어떤 두려움 없이, 검은 두건을 씌울 때도 당당한 모습이며 교수대 밧줄을 목에 걸 때도 태연한 시크교도 사형수의 모습이 놀라웠다. 당시 텔레비전으로 잠깐 상황이 방영되었기에 지금도 생생한 기억으로 남아 있다.

나는 지금처럼 화려한 황금사원(Golden Temple)의 보수 이전, 그러니까 1984년 봉기 때 처참히 부서진 사원을 1989년에 직접 가서 내 눈으로 봤다. 그 수많은 총알 자국은 정말 끔찍했다. 소름이 끼치는 모습에 권력의 힘, 폭동 진압이란 이런 건가를 두 눈으로 확인했다. 당연히 광주사태가 그려졌다.

이후 또 처참한 비극의 큰 사고가 이어졌으니, 테러에 의한 항공기 폭파 사고다. 1985년 6월 23일 캐나다 몬트리올을 출발해 인도 뉴델리로 가던 국영 인도항공 보잉 점보기 747 항공기가 시크교 과격파 테러리스트가 설치한 폭탄에 의해 상공에서 폭파되어 탑승자 329명이 전원 사망한 사건이었다. 당시에는 세 번째로 많은 희생자를 낸 항공 사고로 기록될 정도로 참혹하였다. 사고 후 죽은 탑승자 가족 중 슬픔이 너무 커서 이어진 자살 사건은 더욱 가슴 아프게 했다.

인도는 다종교 문제와 종족 간의 갈등이 깊으며 언어만 100여 가지를 사용하는 나라로 어디서나 문제가 터지는 일이 다반사다. 요즘도 아삼 주의 종족 간 다툼이 전쟁을 방불케 한다. 거기에 지금도 산악족의 파르티잔 운동 전개로 정부는 골치를 앓고 있다.

하나의 인디아를 나라의 모토로, "카슈미르에서 카니아쿠마리까지는 하나의 인디아(Kashmir to Kanyakumari is One India)"라는 표어가 곳곳에 쓰여 있다. 즉, 인도 최북부 카슈미르에서 타밀나두 주의 최남부 카니아쿠마리까지는 하나의 인도라는 뜻이다.

　인도도 사람 사는 사회다. 종교와 민족의 테두리를 벗어나 상호 간의 평화 공존으로 샨티의 나라, 행복의 나라, 인간 차별이 없는 나라가 되기를!

: 카스투르바 여인

뉴델리의 '카스투르바 길'

　뉴델리 한 거리의 이름이 '카스투르바 길(Kasturba Road)'이다. 우리나라 사람들에겐 생소한 이름이기에 누구일까 하는 의구심부터 일 것이다. 마하트마 간디의 부인 이름이다. 나도 처음에 어떤 사람인지 몰랐다. 알고 보니 그럴 만한 인물로, 거리에 이름이 붙을 만하다고 생각했다. 특히 간디 박물관에서 그녀의 임종 사진을 보고는 잔잔한 감동이 일었다.

　그녀는 1944년 2월 22일 74세로 뿌나에서 사망했다. 남편 간디가 마지막으로 부인 카스투르바에게 작별을 고하는 사진인데, 당신 무릎을 베고 있는 부인의 이마에 손을 얹고 말없이 바라보는 모습이었다. 평생 함께했던 부인과 이제 마지막 이별의 순간인데 간디 할아버지의 표정이 가슴 저리게 한다. 그 누가 죽어 갈 때 평생을 함께한 남편의 무릎을 베고 임종을 맞이할 수 있겠는가. 또 어떤 남편이 생을 마감하면서 부인의 무릎을 베고 죽을 수 있겠는가.

요즘 현대인의 죽음은 가정이 아닌 병원에서 이뤄진다. 죽기 전에 그 흉물스러운 산소호흡기를 달고 죽어 가야 하는 모습. 인간의 존엄은 배제되고 치료비를 올리는 억지 죽음으로 생을 마친다.

그 사진을 다시 찾고 싶어 다 뒤져도 찾지 못했다. 그 사진 안에는 간디 할아버지와 부인 카스투르바의 인생 전체가 고스란히 담겨 있었다.

부인은 평생 간디를 보필하며 생을 마쳤다. 그녀는 남편 간디를 신으로 모셨다고 한다. 인도 독립의 신으로 모시기에 늘 말없이 수발을 들었다. 삐쩍 마른 간디 어른의 발을 씻겨 주는 사진도 내 가슴을 참 따뜻하게 했다. 부부지간에 어찌 저런 아름다운 존중이 있을까. 어떻게 하면 저런 성스럽기도 한 관계가 이어질까.

간디 자서전 한쪽에 간디도 한 인간으로서의 부족한 자기 고백이 나온다. 즉, 매일 잠자리에 들 때면 육체적인 욕망을 다스림이 날카로운 칼날 위를 맨발로 걸어가는 듯한 조심스럽고 신중한 잠자리였다는 자기 고백의 글이다.

당신이 스스로 인도 사람이란 자각 후 영국이 준 변호사의 자격을 내던져 버리고 고향에 와서 부인에게 한 첫 번째 고백이란, 우

간디의 부인
카스투르바 간디(1869~1944).
© 위키미디어 공용

리는 부부지만 더 이상 육체적인 관계를 떠난 부부로 서로는 신을 모시듯 남은 인생을 살아가자는 선언이었다. 인도 독립을 우선하면서 이와 같은 숭고한 선언과 함께 두 분은 죽을 때까지 서로를 신으로서 대하며 생을 마친 것이다.

당시 인도 민중은 카스투르바 여인을 힌두신 두르가의 화신으로까지 높여 존중을 더했다. 늘 겸손하며 말없이 남편 시중 드는 모습에 민중의 사랑을 받았고, 민중의 마음속에 아래로만 있던 여인이었다. 이런 때 우리나라 대통령 부인이란 사람들을 보면, 자기가 대통령인 듯한 행동거지가 한마디로 볼썽사납기도 하다. 훗날 알고 보니 카스투르바 이름을 딴 병원이며 학교며 자선단체 등이 아주 많았다.

: 오드리 헵번의 유언

누구나 잘 아는 청순하고 아름다운 영화배우 오드리 헵번(1929~1993)을 누가 모르리. 어느 날 세기의 여인 오드리 헵번의 아들이 다람살라를 다녀갔다. 어머니의 유언을 실행하기 위한 방문이었다.

어머니가 운명하기 전 뭔가 부족한 듯한 얼굴에 말 못할 뭔가가 있어 보였다. 늘 곁에서 병간호하던 아들이 묻는다. "어머니를 아는 이 세상 누구든 어머니를 사랑했지요. 세상 떠나시는데 뭐가 부족한 게 있으신가요? 혹은 당신 일생에 하고 싶은 일이나 못하신 일이라도 있는가요? 제가 남은 어머니의 일을 하겠습니다. 하실 말씀 하세요."

오드리 헵번이 힘들게, 유언이라면 유언으로 다음과 같은 부탁을 아들에게 하였다. "나에게 아쉽고 부족한 게 뭐가 있겠느냐. 다만 죽기 전에 꼭 만났어야 할 성인을 못 뵙고 가는 게 가장 큰 후회란다. 나 죽거든 네가 꼭 찾아뵙고 유언과 함께 나의 자그만 정성을 올려 주려무나."

자기가 세상의 최고 성인을 늦게 알아뵌 게 부덕함이니, 이 세상의 최고 어른 성자이신 달라이 라마를 친견하라는 게 마지막 말이었고 유언이었다.(On her deathbed, Audrey Hepburn told her son Sean that her greatest regret was that she never met the Dalai Lama.)

물론 아들은 어머니의 장례를 마친 뒤 바로 다람살라를 방문하여 달라이 라마를 만났다. 뜨거운 눈물과 함께 어머니의 유언을 전하고 티베트 난민을 위한 보시 공양을 올렸다.

너무도 아름다운 그녀의 명언 열 가지를 적어 본다.

1. 아름다운 입술을 갖고 싶으면 친절한 말을 하라.
2. 사랑스러운 눈을 갖고 싶으면 사람들에게서 좋은 점을 보아라.

오드리 헵번(1929~1993).
1999년 미국영화연구소가 선정한
한 세기를 빛낸 가장 위대한 여배우
세 번째로 이름을 올렸다.
ⓒ 위키미디어 공용

3. 날씬한 몸매를 갖고 싶으면 너의 음식을 배고픈 사람과 나누어라.
4. 아름다운 머리카락을 갖고 싶으면 하루에 한 번 어린이가 손가락으로 너의 머리를 쓰다듬게 하라.
5. 아름다운 자세를 가지고 싶다면 너 자신이 혼자 걷고 있지 않음을 명심하라.
6. 기억하라! 만약 내가 도움을 주는 손이 필요하다면 너의 팔 끝에 있는 손을 이용하면 된다. 한 손은 너 자신을 돕는 손이고 다른 한 손은 다른 사람을 돕는 손이다.

7. 나는 결코 나 자신을 우상이라고 생각하지 않는다. 다른 사람들의 마음속에 있는 것이 내 마음속에는 없다. 나는 단지 나의 일을 할 뿐이다.
8. 성공이란 중요한 생일이 다가왔는데 당신은 전과 똑같다는 사실을 발견하는 것과 같다.
9. 돌아가 보라. 당신이 더 어렸을 때 당신을 행복하게 만들었던 것을 찾아보라. 우리 모두는 다 큰 아이들이다. 그러므로 우리는 돌아가서 자신이 사랑했던 것과 진실이라고 믿었던 것을 찾아봐야 한다.
10. 나는 애정을 받을 엄청난 욕구와 그것을 베풀 엄청난 욕구를 타고났다.

: 달라이 라마 침실의 불상 한 구

티베트는 종교적인 나라이고 달라이 라마도 부처님 제자 비구승이라서 왕궁의 접견실이든 어디든 불상과 탱화가 많다. 존자님의 침실에도 자그마한 불단이 있는데 관세음보살상과 여러 개의 작은 불상들이 모셔져 있다.

나는 무슨 행운으로 존자님의 침실에 들어간 적이 두 번이나 있다. 시자 어른스님께서 이 방에 들어온 외국인은 누구도 없었고 티베트의 어떤 고명하신 스님도 이 방엔 들어오지 않았다며 내게 큰 복이 있다고 하시며 "꼬리아 겔롱니 쏘대첸포 쏘대첸포."를 연발하셨다. "한국 비구스님은 복이 많다."는 표현이다.

침대 머리맡의 불상은 화려한 황금 불상이 아닌 고행상이다. 나에게 하신 존자님의 말씀, "부처님 제자 비구는 성불하신 영광스러운 부처님보다 붓다 이전 난행 고행의 부처님을 잊지 않아야 한다."는 말씀이 지워지지 않는다. 그리고 그때 만달라 공양판에 쌓여 있던 성물 중에 호박 염주알을 하나 주셨다. 그 호박 염주알은 부적처럼 늘 몸에 지니고 있다.

불단에 예경 중 문수보살상이 예사로 보이지 않는다. 이런 빼어난 불상을 어디서 구입할 수 있을까. 인간의 재주로 저렇게 섬세한 불상을 조성할 수 있을까. 그래서 여쭤 보니 그 불상은 티베트의 직메 퓐촉 라마께서 달라이 라마께 올린 불상이며, 당신이 오대산 5년 무문관 수행 중 문수보살을 실제 친존하며 직접 받아 온 불상이라는 것이었다. 즉 문수보살님이 현시에 나타나셔서 직접 주신 불상이란다. 그러면 그렇지! 과연 이 불상은, 지존의 위엄과 지혜의 정수를 보여 주는, 저절로 합장이 가는 그런 상호였다.

알고 보니 1990년 직메 퓐촉 라마께서 존자님을 뵙고, 다람살라의 모든 티베트 난민과 존자님께 문수 관정을 주셨단다. 이때 존자님은 퓐촉 라마 법상 바로 아래 앉으셨다고.

이후 존자님이 법좌에 올라 관세음보살 관정을 주셨는데 퓐촉 라

달라이 라마 존자 침실 불단에는
부처님 육년 고행상의 목각 조각상이 놓여 있다.

마는 법상 바로 아래에서 관정을 받는 예식을 하셨고 그때 모인 난민들은 한꺼번에 최고 큰 어른스님 두 분께 두 가지 관정을 받았다며 매우 기뻐했다 한다.

그런 대단한 라마라면 직접 가서 뵙겠다는 결심을 하여 1996년 도반 만화 스님, 제정 스님과 함께 어르신의 거처인 사천성四川省 색달현色达县 오명불학원을 참배했다. 과연 힘 있는 라마로, 평범한 모습 자체에서 힘찬 카리스마가 보였다. 그쪽에서는 아예 부처님으로 통하였다.

그 절에 모인 5,000여 명의 티베트 스님과 300여 명의 중국 한족 스님들의 공부 열의가 놀라웠다. 게다가 그 험한 고산지역에 다닥다닥 지은 수천 채의 목조 건물 개인 공부방이 인상적이었다. 지금은 1만 명이 넘는 학생 스님들이 공부하고 있단다.

그런데 비보라니. 그 고명하고 당당하신 라마 어른스님이 중국 군인병원에서 돌아가셨다는 것이다(1933~2004). 충격으로 들렸다.

돌아가시기 전 한 말씀의 유언이란. "자신의 길을 잃지 말고, 다른 사람 마음을 어지럽히지 말라!(Do not lose own path, Do not disturb others' mind!)"

입보리행론 入菩提行論

『입보리행론入菩提行論』은 7세기 인도 나란다 대학의 학자로 계셨던 샨티데바 어르신의 주옥같은 글 모음이다. 대승불교의 정점 보리심에 대한 아름다운 글로서 이 어지러운 세상에 우리에게 희망을 주고 삶에 용기를 주는 책이다. 달라이 라마께서는 이 세상 어딜 가셔도 꼭 이 논서를 바탕으로 법문을 하신다. 당신께서도 가장 많은 법문 교재로 이『입보리행론』을 설하셨다 한다.

시절 인연인가. 우리 한국인 불자들에게도 첫 법문으로 바로 이 교재로 3년간 법문을 해 주셨다. 2002년, 당연히 이 교재를 우리 한글로 전해야겠기에 누구나 쉽게 읽고 이해할 수 있도록 번역을 했는데 이후에도 많은 손질을 했다. 번역에 도움을 준 여러 티베트 어른스님들께, 또 원전 산스크리트어로 보완의 도움을 준 한국인

최명중 님께 감사의 말씀을 전한다.

달라이 라마께 학문의 지혜를 전수해 주신 스승은 열여덟 분이었다고 한다. 『금강경』은 3년 전 94세로 좌탈입망하신 리종 린포체에게서 전수 받았으며 『입보리행론』은 꾸누 라마 뗀진 걀첸 린포체(Khunu Lama Tenzin Gyalchen Rinpoche, 1894~1977)께 전수 받았다고 하는데, 여기서 이 논서의 대가이신 꾸누 라마에 대한 글을 쓰려고 한다.

이 스님은 인도, 지금의 히말라야 키노르 산간마을에서 태어나셨다. 어린 나이에 티베트 라싸로 가서 불교학을 체계적으로 마쳤다. 18년 교학 체계를 마치고 최고 학위 '하람빠 게세'에 이른다. 이후 홀연히 라싸를 떠난다.

1959년 달라이 라마는 중국 공산당 치하의 손아귀에서 벗어나는 인도 망명길에 이른다. 1960년 다람살라에 티베트 망명정부를 세우고 교육 사업을 위주로 티베트 종교 문화의 전통을 지켜 나간다. 이후 개인 수행에 매진하며 관료들에게 티베트 라싸에서 자취를 감춘 꾸누 라마를 찾도록 명하신다.

드디어 몇십 년간 자취를 감췄던 꾸누 라마를 바라나시 강변 거지촌에서 발견하여 존자님께서 부르신다고 해서 함께 다람살라에 올라왔다. 실은 바라나시 강변에서 드러나지 않는 난행 고행을 하며 내적 수행에 매진하고 있었던 것이다. 그 누가 알리오, 모래밭에 진주가 숨겨져 있었음을!

그 숨은 세월 동안 당신 신분을 감춘 채 매서운 밀교 비밀수행을 한 가지씩 완성해 간 것이었다. 그 신분에도 최하위의 계급인 넝마거지들과 함께 먹고 자고 뒹굴며 자기를 지켜 나가는 깊은 수행을 몰래 닦아 나간 것이다.

다람살라에서 하신 일이란 『입보리행론』의 비의(숨겨진 뜻)를 달라이 라마께 전수하는 일이었다. 비록 티베트 최고 왕의 신분인 달라이 라마지만 배울 때는 제자의 자세로 공부 시작과 함께 지극정성의 삼배를 스승께 올리고, 공부 마치면 삼배로 스승이 되신 라마 어른께 감사의 예를 올렸다.

이를 계기로 이 스님의 명성은 전 티베트 불교에 알려지며 끝없는 전법 강의가 이뤄진다. 곳곳에서 꾸누 라마의 법회가 열리는데 사원 말고 신도단체에서도 줄을 잇는 명강의가 이뤄져 삶의 바탕에 감동과 용기와 희망을 주게 된다. 알고 보니 라싸에서 자취를 감춘 기간에 백방의 티베트 고승을 찾아다니며 비의의 뜻을 익히고 실참실오의 경험을 쌓아 나간 것이었다. 그중 닝마파의 수행과 까규파의 수행에 완성을 이루고도 끝내 세상에 드러내지는 않았던 것이다.

훗날 이 어르신의 독특한 가르침은 어느 특정 전통 방식에서 벗어난 무종파 무교의의 수행결의를 완성한 것으로서 만방의 스님과 재가자에게 걸림 없는 스승이 되었다. 이 스님이 거처하는 곳마다 구름처럼 사람들이 모여들었다.

달라이 라마에게 『입보리행론』을 전수해 주신
꾸누 라마 뗀진 걀첸 린포체(1894~1977).

꾸누 라마는 티베트 불교의 현대사에서
혁신적 인물이었다.
공식적인 지위를 가진 개혁자는 아니었지만
저술과 그의 개인적인 카리스마, 모범적 수행,
제자들에게 미친 영향을 통해
티베트 불교에 새로운 자극을 주었다.

그러나 몸을 가진 이라면 누구라도 마지막은 몸까지도 버려야만 하는 게 세상의 법 아닌가. 우리 부처님처럼. 어르신 나이 여든둘인 1976년 12월 라훌 계곡의 세슈르 곰빠에 스님 이하 많은 재가자가 모인다. 이미 당신께서 모모 곰빠에서 마지막 『입보리행론』을 공부하겠다는 알림을 낸 것이었다. 어느 때보다 많은 스님과 재가자들이 모였다. 공부 시간은 보통 오전 두세 시간, 오후 두세 시간이었다.

논서의 반절 넘게 가르침을 주시던 어느 날 기침을 심하게 하셨다. 오후가 되면서 또 한 번 심하게 기침을 하던 중 피가 섞여 나오는 상태로 악화되면서 수업을 쉬기로 한다. 좀 진정이 되어 흩어진 대중을 다시 불러 모으고는 청천벽력의 말씀.

"나는 이제 세연이 다해서 열반에 들어야 할 때가 왔구나. 내가 마치지 못한 이 논서의 남은 부분은 어느 곰빠의 어느 린포체가 나를 대신해서 마칠 것이다."라며 당신 유훈을 말씀하시는 게 아닌가.

자, 어느 수행인이 마지막 죽음을 이렇게 받아들일 수 있겠는가! 하여 수많은 사람이 지켜보는 앞에서 1977년 2월 20일 오후 좌탈입망으로 몸을 마쳤다.

이 소문은 삽시간에 라훌 스피티 키노르로 퍼지면서 곳곳에서 스님 인연의 대중이 모인다. 문제는 고향 키노르 불자들이 우리 스님을 고향으로 모셔 장례를 치르겠다고 우기는 것이었다. 이미 한겨울이라서 모든 고개가 눈으로 덮여 봄이나 되어야 차량 운행이 가능했다.

　키노르 주민들은 인도 티베트 국경의 변방 군부대에 협조를 요청해 헬리콥터의 도움을 받기로 했다. 그러나 실행되지 않았는데 며칠간 눈보라와 거센 바람이 불어 헬리콥터가 뜰 수 없었다. 결국 세슈르 곰빠에서 화장으로 장례를 치를 수밖에 없었다. 훗날 주민들이 말하길, 이런 큰 어른 린포체를 못 모신 키노르 불자들은 복이 없었다고 했단다.

　흔히 명망 있는 스님들은 당신 거처가 있다. 그것도 크고 화려하게. 그러나 이 어르신 스님은 일생 정처가 없는, 당신 절도 없고 가진 것도 없는 유형 수행자로 남아 계셨다. 이 라마의 삶과 업적을 평가하려면 먼저 그가 여러 면에서 비범한 라마였다는 사실을 언급해야 한다.

　과거와 오늘날 모두 티베트 불교의 지도층은 대부분 티베트 승려로 구성되지만 이 라마는 티베트인이 아니었다. 티베트 불교의 전통적인 학문 경로는, 수세기 전부터 정해진 교육 과정을 따르는 평생에 가까운 학문 수행으로, 하나의 승원에서 낮은 학위부터 높은 학위로 서서히 올라가는 방식이지만, 이 라마는 그 길을 선택하지 않았다.

　그는 종교 생활을 엄격하게 제도화한 방식을 거부하고, 자신의 영적 탐구를 충족할 수 있는 당대 최고의 학문적·영적 경험을 찾아 나섰다. 또한 그는 두 명의 젊은 비구니를 제자로 받아들여 인생

훗날 닝마파 종정으로 추대된 딜고 켄체 린포체(1910~1991)와 꾸누 라마.

의 마지막 15년을 그들과 함께 보냈는데 일반적으로 비구니를 종교 생활의 수동적 참여자로 여기는 통념을 깨면서 비난을 받았다.

그는 '옳은 전승'이라 여기는 하나의 교학만을 따르기보다는, 특정 전통 교파에 구애받지 않고 다양한 학자의 가르침을 수집하고 따랐다. 그는 독단주의와 널리 퍼진 분파주의적 사고를 거부했다. 라마는 신앙심이 깊은 사람이었지만 신앙만으로는 그에게 충분하지 않았다. 진정한 불교 정신에 따라 그는 사물의 근본을 검토하고, 수용하기 전에 그 진술을 시험해 보았다.

이러한 이유들과 그리고 그가 지닌 비범한 능력으로 인해 당대의 기성 권위자들에게 질투를 불러일으키며 그는 여러 차례 적대의 대상이 되었다. 그의 비전통적 행보로 인해 그에게는 음모와 악성 소문이 있었다.

그의 능력으로 인해 그는 안락한 삶을 살며 존경받는 게셰나 켐포(대사원의 주지)가 될 수도 있었지만, 이는 그의 종교적 길에 대한 이해와 일치하지 않았다. 그는 부처님처럼 영적 완성을 찾기 위해 끝까지 방랑 수행자의 삶을 선택했다. 나무아미타불!

라마는 티베트 불교의 현대사에서 혁신적 인물이었다. 공식적인 지위를 가진 개혁자는 아니었지만, 그는 저술과 더 나아가 그의 개인적인 카리스마, 모범적 수행, 제자들에게 미친 영향 – 특히 달라이 라마에 대한 영향 – 을 통해 티베트 불교에 새로운 자극을 주었다.

그는 기계적 암기보다는 경전을 올바르게 이해하는 데 중점을 두었고, 이러한 태도는 현재 일부 불교기관에서 제공하는 교육 방식에 영향을 미쳤다. 또한 달라이 라마 제도 같은 전통에 대해 일반적으로 회의적인 망명 티베트 지식인들에게도 영향을 주었다. 그가 보리심 개념을 대승불교의 기본 단계로 중시한 것은 달라이 라마에게 특히 영향을 준 것이다.

 라메가 티베트 불교 유산의 보존과 전파에 기여한 역할은 더욱 명확해 보인다. 그는 특히 티베트 동부의 잘 알려지지 않은 가르침과 전통들을 수집해, 티베트 불교 문화에 대한 중국의 탄압 속에서 영원히 사라질 위기에 처한 유산을 구해 냈다.

 이러한 가르침을 인도 새로운 세대의 수행자들에게 전해 줌으로써 그는 전승의 계보를 이어 갔을 뿐만 아니라, 이들 가르침이 히말라야 지역과 그 너머의 많은 불교도에게 더 널리 전해졌으며, 그리고 이전의 티베트 내에서보다 쉽게 접근할 수 있도록 했다.

 지금도 라훌 골짜기의 크지 않은 세슈르 곰빠 한쪽엔 자그만 탑이 당신의 마지막 자리임을 말해 주고 있다. 훗날 『입보리행론』의 마치지 못한 부분을 이어 설명해 준 스님은 라마의 부촉 유언대로 마날리 근처 팡간 곰빠의 청정 비구 팡간 린포체(1918~2000)이셨다.

카르마파의 탈출, 인도 망명

2000년 1월 5일 티베트에서 카르마파가 중국을 탈출하여 인도로 망명했다는 소식은 톱 뉴스로 전 세계에 대문짝만하게 퍼졌다. 전 세계에 큰 쇼크로 들려왔지만 중국 베이징에서는 아주 모욕적인 사건이 되어 버렸다. 한마디로, 365일 24시간 입체적으로 감시하며 지켜 왔는데 놓쳐 버린 사건이 되었으니까!

그때 나는 다람살라에 있었고 첫 대면자로서의 감격과 감동을 가질 수 있었다. 티베트 라싸 지역 추르푸 곰빠에서의 극비의 탈출은 1999년 12월 28일 시작되어 8박 9일 동안 무슨 첩보 영화와 같았으니까. 아니, 그보다 더한 긴장과 불안 속에서 한숨도 못 자 가며 이곳 다람살라 달라이 라마 거처에 무사히 도착했으니!

스님은 추르푸 곰빠에서 1992년 착좌식을 거치며 정식으로 제

17대 카르마파로 선언되었다. 당시 중국 최고 실력자 장쩌민이 직접 참석할 정도로 중국 전체의 정치적 관심사이기도 했다.

카르마파는 달라이 라마와 중국 정부 모두로부터 인정받은 유일한 라마다. 중국 정부는 티베트에서 자국의 자유로운 종교 정책의 상징으로 그를 홍보하는 데 많은 노력을 기울였다. 그는 장쩌민 주석을 포함한 중국 지도자들과 만나기도 했다.

1999년 1월 중국 지도자로서 막후 실력자인 리루이환李瑞環은 신화통신에 카르마파가 "티베트의 발전과 안정에 큰 영향을 미칠 것"이라고 말하기도 했다. 이렇듯 중국은 카르마파 스님을 정치적인 도구로 이용하여 티베트민을 통치하려는 의도가 다분했다.

카르마파는 1975년 디궁 까규파 종정 체창 린포체가 탈출한 이후 인도로 망명한 가장 유명한 티베트 라마이다. 나는 1997년 직접 추르푸 곰빠에 가서 외국인으로는 불가능한 개인 친견을 가졌기에 누구보다도 그분의 탈출에 흥분과 관심이 컸다.

어린 나이의 열두 살 소년이 아닌 참으로 법을 갖춘 무서운 눈매와 넘치는 힘은 과연 공인으로서의 존재였으니까. 특이한 호안虎眼의 힘찬 그 에너지는 어디서 오는 것일까. 친견 후 밖에 나와서는 한참을 법열 상태로 주저앉아 있었다. 하염없는 눈물이 쏟아져 내렸다. 내 인생에서 사람을 만나 보고 눈물 짓는 일은 처음이었다.

어린 소년 외겐 틴레 스님은 1985년 티베트 캄 지방의 유목민 아들로 태어났다. 좀 늦은 1992년, 고명하신 탕구 린포체(1933~

전생부터 자리하던 추르푸 곰빠에
이생에 처음 들어오는 어린 카르마파(7세).

2023)의 환생 추적으로 확인에 이어 달라이 라마도 전생 16대 랑중 릭뻬 도르제의 후신임을 인정 확인했다.

  열네 살의 카르마파는 탈출 전에 극비의 사람을 이곳 달라이 라마께 보내어 망명하고 싶다는 쪽지를 전했다. 달라이 라마께서는 '중국 공산당이 누군가. 안 된다! 절대 안 된다.'는 쪽지를 보냈다. 바로 죽임을 당한다는 경고와 함께.

  그러나 카르마파는 중국 정부의 압력이 괴로웠고, 또한 차마 수행자로서 할 수 없는 일에 봉착했으니, 은근히 달라이 라마를 비방하도록 하는 일, 즉 중국 정부의 꼭두각시 노릇을 해야 하는 것이었다. 하지만 그 무서운 입체적 감시망을 뚫고 탈출한다는 것도 또한 상상하기 어려운 일이었다. 추르푸 곰빠 당신의 거처에는 요리사를 빙자한 중국인 첩보원이 둘이나 있었다. 매일 몇 시에 일어났고 뭘 먹었고 누구를 만났고 지금 하는 일이 뭔가를 늘 베이징에 보고하였다.

  스님은 그래도 탈출을 결심했다. 무서운 보안 속에 당신을 위해 목숨을 바칠 사람을 정했다. 무엇보다도 옆방의 첩보원인 중국 요리사를 따돌려야 하는 일이 제일 난감했다.

  스님은 겨울철 공식 안거를 선언했다. 당신께서 혹독한 안거 수행에 들어간다는 것과 함께 누구도 거처에 올 수 없고 누구도 만나지 않는 티베트 전통 묵언 수행을 공표했다. 식사도 자그마한 창구를 통해 음식이 들여지고 또 아래 창구에 빈 그릇을 놓아서 가져가는 것으로 정해졌다.

아직 소년 스님에게는 배워야 할 까규 전통과 의식 등이 많았기에 항상 곁에는 스승으로서 어른스님이 계셨다. 때에 맞춰 요령을 흔들고 다마루 손북을 흔들어 내는 소리만 들릴 뿐 어떤 기척도 없이 일과를 이어 갈 뿐이었다. 훗날 카르마파께서 거처를 빠져나간 후 시간 되면 요령을 흔들고 다마루 손북 소리를 내며 카르마파 대역을 행동으로 이어 갈 스님이었던 것이다.

1999년 12월 28일 밤 10시 30분, 평복으로 변장한 카르마파는 사원 한 곳으로 조용히 나갔다. 이미 생명을 약속한 일행 - 운전수 둘과 라마 쩨왕, 시자 둡악 스님과 함께 조용히 사원을 벗어나 선택한 길은 네팔 무스탕 쪽의 작은 길로 네팔과 중국의 보따리장수가 오가는 길이었다. 그러나 국경 근처는 항상 오가는 사람을 체크하고 물건을 검사하며 트집 잡아 돈을 뜯어 가기도 하는 검문소가 있었다.

사원에서 벗어난 일행은 낮 시간엔 외딴 집으로 숨어들었고 밤에 이동했다. 문제는 국경 보안초소를 어떻게든 통과해야만 한다는 것이었다. 일부러 밤 8시경 차단기가 내려진 곳에 이르렀다. 경적을 울리니 공안 한 명이 차 안의 일행 - 네팔 상인으로 변장한 사람과 짐 꾸러미를 대충 보고는 어떤 절차도 없이 차단기를 올린다. 꼭 이 시간에 와서 귀찮게 한다는 말과 함께. 심지어 차량 번호며 명단을 기록하는 절차도 없이 그냥 통과시켜 버린 것이다!

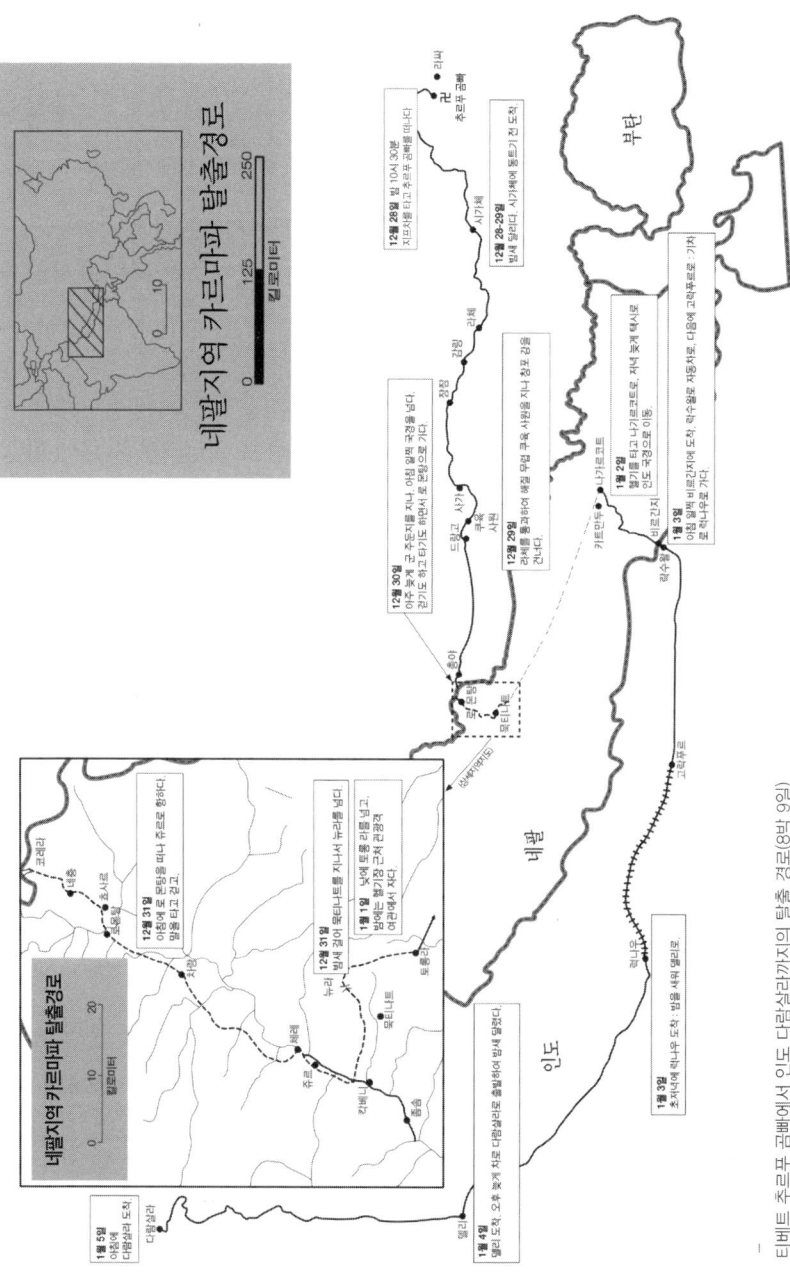

티베트 추르포 곰뻬에서 이드 다람살라까지의 탈출 경로(8박 9일)

76
그림자 속의 향기

사정은 이러했다.

그 시간 밤 8시는 중국의 14억 인구가 꼭 텔레비전을 봐야 하는 시간으로, 우리나라에서도 텔레비전 프로그램이 너무 재미있어서 그 시간에는 군대 점호도 생략하고 봐야 하는 것처럼 중국에서도 그런 프로그램이 방영되어 공안이고 뭐고 간에 그 밤 8시를 기다리고 있었는데 장사꾼 몇이 들이닥치니 그냥 통과시켜 버린 것이었다.

이후 전속력을 다해 중국 국경을 넘었다. 그리고 12월 30일 늦은 밤 네팔 무스탕(Mustang)에 도착할 수 있었다. 여기서부터는 차량 도로가 있지만 혹한의 겨울에는 폭설로 어떤 차량도 이동이 불가능하다. 노숙하며 몇 개의 고개를 넘어야 했다. 며칠을 걷기만 했다.

생각해 보라, 한겨울의 눈 덮인 히말라야 설산을. 카르마파는 아직 열네 살의 소년이다. 함께하는 스님들의 도움이 있지만 더 이상 설원을 걷기란 무리이기에 마낭(Manang)이란 마을에 도착한 후 헬리콥터를 이용하여 카트만두에서 가까운 나가르코트(Nagarkot)까지 이동할 수 있었다.

카트만두의 산악인명구조대에 연락하여 비상 수단으로 헬리콥터를 이용하여 나가르코트에 도착했지만 사실 누군지도 모르고 도착하게 되었다. 만일 신분이 드러난다면 중국 꼬붕이나 다름없는 약소국 네팔 정부는 바로 베이징에 보고할 그런 위험도 있는 게 아닌가.

나가르코트에서부터 인도 땅 락수왈(Raxual)까지 지프차로 달린

후 기차로 럭나우(Lucknow)로 갈 수 있었다. 이후 택시로 델리를 향했다.

그럼 그 시간대 추르푸 곰빠의 카르마파 겨울 안거 수행방은 어떻게 되었는가. 역시나 첩보원 요리사 두 사람의 촉은 무시를 못했다. 뭔가 다른 느낌이 있어 두 명의 요리사가 점심 끼니를 만들어 있는 힘을 다해 방문을 박차고 들어갔다. 카르마파는 없고 노스님 한 분만이 요령과 다마루 손북을 쥐고 있었다. 카르마파가 당신 방을 떠난 지 나흘째 되는 날이었다.

이 노스님은 법의 계승자, 법의 스승만 살아 계신다면 기쁘게 죽음을 맞을 각오가 되어 있는 수행자였다. 비상사태에 베이징에 보고를 했지만 그 노스님의 침묵과 모른다는 말에 행방 추측이 불가능했다. 훗날 이 노스님과 관련된 몇 스님은 베이징 감옥에 수감되어 세계인권단체에서 석방을 요구했지만 중국 공산당에게 인권이며 자유가 통하기나 한단 말인가.

카르마파 스님은 마낭에 도착한 후 밤에 산악인명구조대 헬리콥터를 이용하여 돌아왔기에 누가 누군지도 모르고, 나가르코트에서는 구조대금만 챙겨 갈 뿐이었다. 그러나 한시도 머물 수가 없었다. 만일 카르마파 일행으로 알려진다면 지금까지의 숨 가쁜 일들이 어찌 되겠는가. 락수왈에서 고락푸르를 거쳐 기차로 럭나우, 거기서부터는 미리 대기한 인도 앰배서더(딱정벌레 모양의 차)로 델리를 향해 달리는 수순일 뿐. 인도 땅에 들어서서도 그저 델리의 달라이 라마 사무실로 달렸다.

이때서야 잠도 못 잔 그간의 휴식이라니, 그 긴장된 시간이라니. 다시 밤 시간을 이용해 이곳 다람살라에 왔다. 그날이 2000년 1월 5일 이른 아침이었다. 지난 12월 28일 밤에 탈출하여 지금에 이른 긴장과 불안의 시간을 어떻게 표현으로 옮길 수 있을까!

카르마파의 거처는 여기서 가까운 귀또 곰빠에 정해지면서 세계의 불자들이 환희심으로 친견하러 왔다. 우리 한국에서도 많은 신도들이 왔는데 나는 두 번의 정식 친견에 통역을 맡았다.

당시 카르마파를 모시고 나온, 좀 젊은 라마 쩨왕 스님과 나눈 여러 이야기 중 참법이 뭔가를 되새겨 본다. 목숨을 걸고 스님을 모셔야만 하는 운명이라니. 피를 말리는 긴장의 연속에서 그저 불보살과 수호신에게 기도만 하며 오게 됐단다. 그렇지만 두고 온 부모나 가족들을 생각하면 늘 마음이 무겁다는 말을 덧붙인다.

인도에서는 큰 법회를 여는 곳마다 인산인해의 불자들이 구름처럼 모였다. 티베트 불자만이 아닌 전 세계의 불자들이었다. 특히 티베트력으로 정초의 부다가야 법회는 그야말로 많은 군중이 모여 보름간 이어지는 당신 법문에 감동과 감격의 시간이었다. 그리고 인도 정부에서는 언제 어디서나 경호 차원에서 엄격히 신변 보호를 해 왔다.

그런데 정치적인 문제가 생겨났다. 어느 날 인도 정부에서 망명을 인정하지 않는다는 발표로 중국 첩자가 아닌지 의심스럽게 본다는 것이었다. 중국에서 인도까지 망명해 온 것이 의심스럽다는 것이었다. 결코 망명하도록 실수하지 않는 중국의 정보력이며 첨단의 감시 체제에서 이해가 안 가는 곳이 많다는 것이었다. 결국 은밀한 뭔가를 소지한 불순한 사람으로 본다는 어처구니없는 발표였다. 이에 달라이 라마께서 공식적으로 카르마파는 순수 망명을 선택해서 온 것이라고 두 차례에 걸쳐 선언까지 했다.

이후 해외까지 나가 곳곳에서 법문을 하곤 했다. 티베트 망명객 신분은 일단 해외에 나가면 인도에 재입국 비자를 받아야만 들어올 수 있는 체제로 되어 있다. 그러니까 한 번 외국 나가고 들어오기가 보통 까다로운 게 아니다.

그런데 어느 날부터 인도 재입국 비자를 발급하지 않는 것이었다. 카르마파는 우선 미국 여러 곳의 까규파 수행센터에서 지내지만 한계가 있는 것이 망명객의 나라 없는 설움이다. 결국 한 자그마한 나라에서 국적을 부여하여 그 나라의 정식 여권을 발급 받았지만 아직까지도 인도 비자는 발급되지 않았다.

이제 카르마파도 40세의 나이에 들었다. 수행자로서 또 어른스님의 활동으로서 인도에 못 들어오는 것은 큰 제약이다. 이번에 달라이 라마를 정식으로 만난 것은 지난여름 존자님이 미국에서 돌아올 적에 스위스 취리히를 거쳐 오면서 며칠 머물 때 만나게 되었다. 카르마파 상황을 다 아시는 존자님, 이번에 만났을 때 카르마파에게 이런 선언을 하셨다. "이제부터 당신의 법을 펴시오!"

17대 카르마파
외겐 틴레 도르제(40세).

ⓒ 위키미디어 공용

정치가 뭔지를 무섭게 생각해 본다. 자기 이익을 위해서는, 아니, 티베트 망명객을 통치하기 위해서는 어떤 체면이나 지금까지 이어 온 관계를 무시하고 냉정한 세속적 논리법, 즉 달라이 라마 유고 시엔 누구도 망명의 대표 지도자를 만들지 않는다는 것이 아닌가! 긴긴 망명객의 달라이 라마 신분은 늘 인도 정책에, 또 중국 정책에 가장 큰 걸림돌인 것이리라.

나도 티베트 망명정부가 있는 다람살라 이 한자리에서 38년을 지내며 미래의 티베트 문제는 우리나라의 남북한 문제처럼 첨단의 양날로 존재해 왔고 또 이어질 양날인 것으로 알아차린다.

참고로 깜창(까르마) 까규파 전승 법계도를 적어 본다. 중요한 것은 티베트 불교의 린포체 제도와 사상이 제1대 카르마파인 뒤쑴 켄빠로부터 이어져 시작되었다는 것이다. 즉 이 사바세계에 정법을 전하고 지키겠다는 서원에서 내가 죽으면 다시 어디에서 태어나 오겠다는 유언을 이루며 이런 티베트 불교의 린포체, 즉 환생제도가 티베트 불교에 법으로서 굳어진다.

제1대 카르마파의 법명 뒤쑴 켄빠의 의미는 "과거·현재·미래, 즉 삼세를 안다."라는 뜻이다. 티베트 불교의 두 번째 붓다로 알려지는 쫑카파(1357~1419)는 제4대 카르마파가 여행 중 지나가는 소년에게 수기를 내린 것이다. 이 아이는 커서 티베트 불교의 새로운 붓다가 되리라고. 과연 그리되었다. 티베트 불교를 바로 세운 성자로, 즉 지금의 달라이 라마 제도를 창시했다.

[도제창 붓다]

띨로빠(988~1069) - 밀교 붓다인 도제창(금강지) 부처님께 직접 비전 법 전수 받음

나로빠(1016~1100)

마르빠(1012~1097)

밀라레빠(1040~1123)

감뽀빠(1079~1153)

1대 카르마파(1110~1193) 뒤쑴 켄빠

2대 카르마파(1204~1283) 카르마 팍시

3대 카르마파(1284~1339) 랑중 도르제

4대 카르마파(1340~1383) 롤뻬 도르제

5대 카르마파(1384~1415) 데신 섹빠

6대 카르마파(1416~1453) 토와 된댄

7대 카르마파(1454~1506) 최닥 갸초

8대 카르마파(1507~1554) 미꾜 도르제

9대 카르마파(1556~1603) 왕축 도르제

10대 카르마파(1604~1674) 최잉 도르제

11대 카르마파(1676~1702) 예셰 도르제

12대 카르마파(1703~1732) 장춥 도르제

13대 카르마파(1733~1797) 뒤둘 도르제

14대 카르마파(1798~1868) 텍촉 도르제

15대 카르마파(1871~1922) 카꺕 도르제

16대 카르마파(1924~1981) 랑중 릭뻬 도르제

17대 카르마파(1985~현재) 외겐 틴레 도르제

청정 비구로

잘 살아가겠습니다

나의 주식 먹거리

 우리나라에서 한의원을 찾아 약을 지을 때 으레 듣는 말은, 찬 것 먹지 말고 가루음식 먹지 말라는 말이다. 가루음식이란 밥 외 밀가루 음식을 먹지 말라는 말이다. 또 손발을 따습게 하고 머리는 시원하게 하라는 말도 덧붙인다.

 인도에도 우리 한의학처럼 전통 의학 아유르베다가 길고 긴 역사에서 민중들과 함께해 왔다. 그런데 약을 주면서 하는 말이, 밥은 먹지 말고 가루음식만 먹으라 하고, 손발은 차게 하고 머리는 따습게 하라 한다. 그래서 그 더운 나라 인도 사람들이 한여름에도 털모자를 쓰고 산다.

 자, 환자에게 똑같이 약을 처방하며 우리와 정반대의 주의 사항을 말한다. 자연환경에서 원인과 조건이 지어진 신토불이란 이런 게 아닐까. 티베트 사람들의 의원은 또 달리 처방을 준다. 맥을 짚는 건 똑같다.

내 나이 대여섯 살 때일 거다. 둘째 형이 소풍을 갔는데 1950년대라서 미군부대로 갔던가 보다. 학생 대표로 육학년 급장인 형이 미국 사람이 준 먹을 것이라고 선물을 받아 와 자랑을 하며 온 가족이 모인 데서 겹겹의 종이를 풀었다. 순간 방 안에 노린 냄새라니. 어머니가 빨리 밖에 내다 버리라며 코를 쥐어 막는다. "미국놈들은 저런 것을 먹고 산다냐."라며 "아, 어서!" 하고 재촉이셨다.

누구도 그걸 먹어 보고자 하는 사람이 없었는데 내가 손가락으로 찍어 먹어 보니 묘한 맛인데 좋았다. 얼른 "내가 먹을겨." 하니 "주릴 놈의 자식, 저런 걸 어떻게 먹어." 하며 기겁이시다. 노란 덩어리의 부드러운 맛에 아버지가 "그냥 놔둬. 먹고 잡은 사람 먹도록!" 하며 내 편을 들어 바깥 문지방 위에 얹어 두었다.(당시 냉장고는 듣지도 보지도 못할 때였다.)

밥 먹을 때 나만 숟가락으로 푹 떠서 간장 고추장을 곁들여 밥에 비벼 먹었다. 훗날 좀 커서 알고 보니, 그것은 버터였다. 학교에 입학해서 담임선생님이 미국 사람들은 밥을 안 먹고 빵을 먹고 산다고 했을 때 그리 부러웠다. 빵을 먹고 산다니!

운명적으로 인도에 오래 살게 되었다. 음식은 뭐나 잘 먹는데 그래도 서양 음식이 내 입에 딱 맞다. 빵을 주식으로 두서너 달 여행

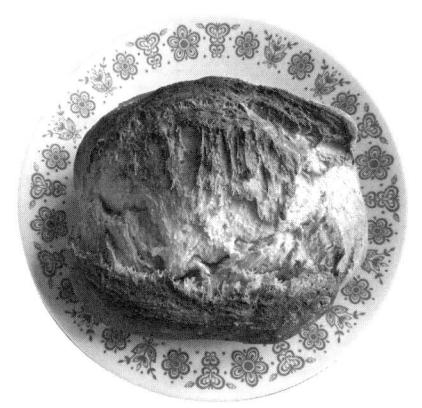

내가 직접 구워 만든 빵이다.
번거롭지만 전날 준비해서 아침에 만드는데 난 빵을 제법 잘 굽는다.

해마다 겨울철이 오면 손수 김장을 한다.
지난겨울엔 배추김치 무김치 갓김치 파김치 네 가지를 담갔다.

해도 전혀 문제가 없다. 우리식 밥을 지으면 반찬을 이것저것 만들어야 하는데 빵이 있다면 유제품 한두 가지로 쉽게 끼니를 해결할 수 있다.

난 빵을 제법 잘 굽는다. 번거롭지만 전날 준비해서 아침에 굽는데 누구나 내 빵을 먹어 보고는 "스님, 이거 인사동에 내놓으면 대박 날 거예요."라고 한다. 근래는 귀찮고 또 쉽게 빵다운 빵을 살 수 있어서 내가 직접 굽지 않는다.

요즘 나 사는 다람살라에서 끼니때 정말 맛난 순수 빵을 살 수 있다. 인도나 티베트 사람들이 굽는 빵과는 차원이 다른 제품이다. 바로 러시아 사람들이 만드는 빵으로, 전쟁이 나자 피해서 왔다가 전쟁이 길어지면서 그들 방식의 러시아 빵을 만들어 팔며 생계비를 마련하는 것이다. 제법 크게 만드니 한 개 사면 일주일을 지낸다.

점심 한 끼는 한국식 차진 밥을 지어 미리 준비해 둔 밑반찬과 함께 먹고, 겨울철이 되면 나 나름대로 터득한 김장도 한다. 배추, 무가 고산에서 재배되기에 정말 말 그대로 '고랭지 배추'로 김장을 한다. 농약은 전혀 안 쓰고, 크기가 약간 작은 배추로 우리식 김장을 한다. 늙은 호박을 내려 김장소를 만드는데 고춧가루만큼은 한국에서 공수해 온다.

한철 먹을 김장이 아닌 한 해 먹을 김장이다. 김치냉장고 없어도 김장김치 보관법을 고안해서 하얀 골마지(군둥) 안 피게 갈무리하는 법을 터득했다. 더러 방문하는 한국분들에게 촉촉한 밥과 김치를 내놓으면 놀란다. 인도 음식에 지쳤다가 우리식 김치와 밥이라니. 거기에 된장국까지. 또 싱싱한 푸성귀가 늘 있으니 그런 음식에 모두 탄복이다.

또 국수면을 직접 빼어 다시마와 멸치로 낸 양념국물에 끓이면 정말 환상의 맛이다. 국수면은 이탈리아에서 조그만 손국수틀 기계를 사 왔기에 밀가루만 반죽하면 쉽게 만들 수 있다. 거기에 시금치나 파, 고수를 곁들이면 참으로 맛난 음식이 된다.

한번은 한국의 어느 큰절에서 이름 있는 노스님이 겨울에 시자를 대동하여 오셨다. 노스님은 인도의 불편한 이동에 녹초가 되어 그냥 눕기만 하였다. 거기다 설사까지 겹쳐 인사불성일 정도였다. 약한 된장국으로 속을 편케 해 드리고 국수를 손수 만들어 드렸다. 인도 밀가루는 신선하고 통밀가루라서 밀가루 본래의 맛이 난다. 정성껏 밀가루 반죽을 하여 내가 터득한 멸치국물로 국수를 해 드렸더니 "국물 더 주소, 국물." 하며 가반을 하셨다.

허리춤 전대를 풀어 젖히며 "시님요, 나가 이름이 있어 더러 여러 맛난 음식을 얻어먹었지만 지금 이런 국수 맛은 난생처음이라요!" 하고는 미화 1,000달러를 내놓으셨다. 그러고는 "정말 고맙소! 이제 내가 힘이 나요! 곧 나을 거요."라는 칭찬과 함께 합장을 거듭하신다. 나도 기뻤다. 또 순수한 큰 보시금을 받아 올겨울 주위 분들에게 명절날 양고기를 많이 사서 공양드릴 것을 약속했다.

이후에도 더러 여행자들이 오면 이 손국수로 향수를 달래 준다.

매년 가을이 되면 히말라야 대봉을 익혀
냉동실에 보관하며 1년 먹거리로 쓴다.

그들은 스님한테서 이런 음식을 얻어먹기는 처음이라며 좋아한다. 어떤 분은 감동이라며 어떻게 빚을 갚느냐는 둥 정말 여러 표현을 한다.

 이젠 한국에 머무는 시간도 있고 하니, 더러 모르는 분들이 여기를 찾아온다. 내가 모르는 분으로 인사를 나누면, 몇 년 전 인도 내 방에서 밥 얻어먹었다는 추억의 시간을 끄집어낸다. 몇 분은 언론계나 방송계에서 일하는 분이거나 작가로서 가끔 연락을 주고받는다.

 어쨌든 여기를 찾아오는 분들과는 거의가 인도 다람살라에서 만난 인연이 다시 이어지는 꼴이다. 한국 들어와서 내가 머무는 강원도 영월 산골의 이 집도, 인도에서 알게 된 건축가분이 손수 수행자의 집으로 자그만 목조 건물을 지었다.

커피와 짜이

 커피를 처음 마신 때가 언제인가? 기억이 없다. 1970년대까지만 해도 돈 내고 커피를 사 먹는 일은 큰 사치였다. 어쩌다 커피를 얻어 마시게 되면 학교 가서 자랑거리로 얘기를 했으니까.
 지금이야 집집마다 아예 드립커피 세트를 갖추고 언제라도 커피를 내려 마신다. 나도 인도나 한국의 거처 영월에 손님이 오면 쉽게 커피를 내놓는다. 외국 여행 중에는 커피를 주문해 놓고 여유로운 시간으로 엽서를 쓰곤 한다.
 내가 내 돈 내고 처음으로 다방에 간 일은 두고두고 추억이며 얘깃거리다.
 1980년대 초반 강원도 홍천군 내면 면 소재지에서다. 어디를 가려고 차부에 갔지만 이미 버스가 떠난 뒤였다. 다음 버스는 무려 네 시간을 기다려야 하는 상황. 어떻게 할꼬. 당시는 특별한 일이 아닌데 택시를 탄다는 것은 어림도 없는 때였다.

종점다방. 참으로 향수가 밴 이름이다. 전국 어디를 가든 이 이름의 다방은 있다. 시간도 때울 겸 용기를 내어 다방에 들어갔다. 좀 큰 건물 이층에 있었는데 아무도 없이 그저 조용하기만 했다. 창가 가장 끄트머리에 자리를 잡았다. 바깥 오가는 사람도 보고, 그냥 그 자리가 편하고 좋아서.

아가씨가 다가온다. 엽차를 테이블에 놓으며 "무슨 차 드릴까요?"라는 물음에 바로 "커피요."라고 대답했는데, 휙 돌아서며 한다는 말. "나도 한 잔 마셔도 되겠지요?"

'안 돼요.'라는 말을 꺼내기도 전에 저리로 가 버린다. 어째 시작부터가 꼬이는 듯. 내가 돈이 있어 온 것도 아닌데 주문한 커피 취소도 못하겠고.

잠시 후 커피를 내온다. 그런데 내 옆에 바짝 앉는 게 아닌가! 그 아가씨도 커피를 들고 앉는 것이다. 내 자리가 구석진 곳이라서 빠져나올 수도 없고, 그냥 꽉 막혀 버린 꼴이 되었다. 왈칵 겁이 났다. 여자를 가까이해 본 적 없고 그때까지 여자 손도 만져 본 적 없는 나였기에 상황이 난감했다. 어찌할꼬 걱정이 태산인데 갑자기 튀어나온 내 말이라니!

"아가씨 고향이 어디요?"

이 말은 엉겁결에, 전혀 뜻도 없는, 어쩌다가 나온 말이었다.

"풍기예요, 풍기."

또 이어 생각지도 않은 말이라니!

"아, 풍기는 인삼이 많이 나는 곳인디, 아가씨가 인삼을 많이 먹어 이리 예쁜가요?"

이거, 갈수록 이상하게 꼬여 가는데, 이럴 때 어떤 말을 해야 할지. 난생 혼자 처음 들어온 다방에서 단둘이 앉은 자리가 왜 그리도 불안하던지. 아니, 두렵기도 했고 무섭기도 하고….

그날 커피 맛이고 뭐고 간에 벌벌 떨다가 나온 꼴로 후회막심일 뿐이었다. 내가 왜 다방에 갔던가 하며 자책할 수밖에. 커피값 200원을 내고 밖으로 나오며 한 말. "이젠 살았다!" 이후 더 이상 다방에 가지 않았다.

내 사는 인도에서는 '짜이'라 해서 홍차에 우유와 설탕을 넣고 끓인 차를 마신다. 인도 사람들은 일어나자마자 짜이를 마시는 게 하루 삶의 시작. 하루에 많은 짜이를 마신다. 커피보다는 짜이다.

어쩌다 집안일을 하는 작업부들에게 '꼬리아 짜이'라며 맥심 커피를 한 잔씩 드리면 너무 맛있다고 호들갑이다. 집에 가서 가족이랑 나눠 마시라며 다섯 개씩 드리니 "단네왓"을 연발한다. '고맙다'는 표현이 힌디어(인도어)로 '단네왓'이다.

나도 오래 살다 보니 짜이 맛에 익어 내 방에서도 끓여 마신다. 배가 출출할 때 진한 짜이는 허기를 면하게 해 준다. 내 인도 삶에 호강이라면 한국 녹차, 중국 보이차, 서양 커피, 그리고 인도 짜이를 손수 만들어 마시는 것. 그러한 삶에 감사와 행복을 느낀다.

한번은 찾아온 스님과 함께 달라이 라마 존자를 친견하며 이야기가 길어졌다. 달라이 라마께서 시자스님에게 뭐라 하시니 짜이를 준비해 왔다. 그런데 미리 다 끓여 와서 마시는 짜이가 아닌 손수 만들어 먹는 방법의 짜이다. 홍차에 뜨거운 물을 부어 우려낸 후 설탕과 우유를 취향에 맞게 섞어 마시는 짜이를 준비해 온 것이다.

그런데 황송하게도 존자님께서 직접 각 찻잔에 우유를 부어 주시는 게 아닌가! 당시 나는 속이 안 좋아 우유를 삼갈 때였다. 내 찻잔에 우유를 부으시려고 할 때 손으로 막으며, "저는 우유를 안 마십니다."라고 말씀드렸다. "왜 안 마시는가?" 하는 물음에 "요즘 우유 마시면 속이 더부룩해서요."라고 대답했는데 당신 말씀이라니. "세상에 우유도 못 먹는 사람이 어디에 있나. 그럼 바보네, 바보. 아니, 멍텅구리지. 하하하."

티베트어로 '렌빠(바보)', '꾹빠(진짜 바보)'는 우리말 '바보 천치'나 '멍텅구리'에 해당하는 표현이다. 달라이 라마께 직접 이런 말씀을 듣고 왜 그리 행복했을까. 지금도 그때의 상황을 생각하면 마음이 편코, 뭔가 당신의 애정, 당신의 자비를 알아차리며 그저 감사의 합장을 올린다.

"고맙습니다. 부처님 제자 청정 비구로 잘 살아가겠습니다."

세상의 많은 친구와 별스러운 나라

　북인도 다람살라 한자리에서만 38년째이다. 그래서인지 세상에 친구가 많다. 주로 외국인이다. 막말로 북한 빼고는 별의별 친구가 다 있다. 그런 덕택에 많은 나라를 다녀 볼 수 있었다.
　고등학교 1학년, 이제 좀 사리 판단을 해 갈 나이였다. 어느 선생님 수업 시간이었는데 중국 공산당이 1949년 10월 1일 베이징에서 중화인민공화국 수립을 선언했단다. 그때 전 세계가 한 국가로 받아들이지 않았는데 오직 두 나라만 승인했단다. 그 나라가 프랑스와 알바니아란다.
　알바니아? 그런 나라가 있었나? 호기심에 지도책을 찾아보니 동유럽 맨 끝자리에 자그마한 나라로 기입되어 있다. 수도는 티라나라는데 처음 들어보는 이름이었다. 내 성격상, 남들 다 반대하는데 그런 쪼그만 나라가 자기 판단으로 과감히 자기표현을 하다니 하면서, 나중에 크면 꼭 한번 가 봐야지 다짐했다.

 시절 인연인가. 인도에 오래 산 덕으로 드디어 알바니아를 둘러볼 기회가 생겼다. 아는 분이 헝가리에서 교수로 재직해 있었는데 인도와 불교 이야기 또 인도 사는 얘기를 대학생들에게 특강으로 해 달라고 요청해 왔다. "무조건 하지요." 단 한 가지, 특강 후 3일간 자유여행 할 수 있는 운전사 딸린 차를 빌려 달라는 조건을 달았다.

 인도, 간디 할아버지, 달라이 라마 어른, 나의 출가 등 이야기를 시작하자마자 한 시간의 강의 시간이 훌쩍 지나가 버린다. 젊은 학생들은 훗날 인도 여행을 한다거니, 나 사는 곳 다람살라까지 찾아온다거니 하며 신나 하였다. 나는 강의 마지막에 꼭 두 가지 말을 덧붙였다. "너희들은 아직 공부해야 할 젊은 학생 나이니까, 첫째 시간을 아낄 것, 둘째 책을 많이 읽을 것"이라는 덕담이었다.

 이어서 뜻밖에 슬로베니아와 세르비아의 대학에서도 연장선상의 특강 요청이 이어졌다. 거절할 이유가 없다. 어쩌면 신이 난다. 짧은 강의 후 나만의 여행을 할 수 있으니까. 정말 룰루랄라다.

 혼자 가기 어려운 몇 군데 여행지에서의 감동이란!
 헝가리 위 슬로바키아 타트리 산맥 아래에서의 하룻밤과 이른 아침은 환희로운 놀라움이었다. 눈을 뜨니 냉기가 확 끼쳐 왔다. 창문의 커튼을 걷으니 세상이 하얬다. 첫 폭설이 내린 것이다. 천지가 하얗게 새로 창조되었다. 그때는 늦가을이라서 동유럽의 은은한 가을이 곳곳에 배어 있는 게 참 편안했다.

아침 식사고 뭐고 그냥 산 쪽으로 올라갔다. 눈에 푹푹 빠지는 느낌이 왜 그리 좋던지. 얼마간 오르니 옆길에서 올라오는 많은 사람을 만날 수 있었는데 "원더풀!" "베리 나이스!"를 외쳐 대며 그저 기쁨과 환희에 찬 얼굴이다. 이국 땅에서의 첫눈이 그리 반갑고 고마웠다.

참고로 타트리 산맥은 폴란드 남부와 슬로바키아 북부의 국경 부근까지 동서 방향으로 뻗은 산맥으로 폴란드, 슬로바키아에서 국립공원으로 지정되어 있고 1992년에는 유네스코가 지정한 인간 생물권 계획 보존 구역으로 등재되었다.

그리고 슬로베니아에서도 좋은 나날이 이어지니. 안내받은 곳이 알프스 끝자락 블레드 호수였다. 정말, 어찌 그리도 주변과 함께 다 아름답고 조화롭던지. 나는 전혀 모르던 곳의 별천지에 감사의 연발이었다. 호수 가운데에 자리한 자그마한 섬, 그곳에 예쁜 성당이 있었다. 호수 빛깔과 가을 단풍나무와 자그마한 성당의 아름다운 조화가 단연 빼어났다.

듣는 말로, 티토 통치 시 여섯 나라가 유고로 통일되었을 때 김일성이 1975년 거기를 방문했단다. 너무 경치가 좋아 모든 일정을 취소하고 그냥 그 자리 티토 별장에서만 놀다 갔단다. 우리는 호숫

참으로 아름다운 천혜의 절경 블레드 호수(슬로베니아).

가 언저리 전망 좋은 티토의 별장이었던 개조된 호텔에서 커피만 한 잔 했다. 호숫가 위로 난 가을 산속의 계곡 길도 잊히지 않는다.

다음 세르비아에서의 특강이다. 전날 누군가 초청한 저녁 식사가 고급 호텔에서 이루어졌다. 나야 일정대로 따라다니는 촌놈. 그런데 일반적인 식사 장소가 아니어서 오신 당신들은 누구시냐고 물으니 의외의 대답이었다. 수도 베오그라드 한국대사관 직원들이란다. 바쁘실 텐데 하면서도 반갑다고 하니 구 유고가 다시 여섯 나라로 나누어지고 한국 정부의 첫 대사관이 세르비아에 개설되었다고 한다.

그러면서 덧붙이는 말씀이, "이런 나라 대학교에 한국 사람이 와서 강의를 한다 하여 일부러 왔다."고 하였다. 다음 날 강의에 모인 젊은 학생들은 공교롭게도 대부분 불교 신자라고 귀띔해 준다. 유럽에서 불교 신자는 누군가의 전교나 포교로 되는 게 아니라 스스로 인생길을 찾아 불교 신자가 된다고 한다.

잘 알고 있는 세계의 석학이자 영국의 역사학자 아놀드 토인비(1889~1975)가 고별 강의 때 한 유명한 말이, "20세기에 서양에 가장 큰 사건이란 1, 2차 세계대전이 아니고 불교가 서양에 바르게 뿌리를 내린 것이다."라는 선언이었다. 『역사의 연구』 열두 권을 27년간이나 집필한 대학자로서 그런 말을 한 것이다.

또 일본을 방문했을 때 한국의 효孝 사상과 경로사상, 가족 제도

등의 설명을 듣고 당시 86세였던 토인비는 눈물을 흘리면서 "한국의 효 사상에 대한 설명을 듣고 보니 효 사상은 인류를 위해서 가장 필요한 사상"이라며 "한국뿐만 아니라 서양에도 효 문화를 전파해 달라."고 부탁했던 것으로 유명하다.

베오그라드에서는 놓치지 않고 한때 유별났던 전 유고슬라비아 사회주의 연방공화국의 대통령이었던 독재자 티토(1892~1980)의 무덤에 가 봤다. 티토 대통령이 사망한 후 10여 년이 지난 1990년대에 다민족 국가였던 유고슬라비아는 분열되어 세르비아 몬테네그로, 보스니아 헤르체고비나, 북마케도니아, 슬로베니아, 크로아티아로 다시 분리 독립되었다. 그러니까 최근까지도 민족이 다르고 종교가 다르다고 서로를 죽이는 참극이 있었던 곳이다.

티토가 권력을 행사할 때까지만 해도 붕괴되지 않았던 유고슬라비아 사회주의 연방공화국이 그가 사망하고 나서 분열된 것만 봐도 티토가 공권력을 동원해 착한 민중을 얼마나 혹독하게 감시하고 통제했는지 잘 말해 준다.

졸지에 세 대학에서 특강을 마치고 나 나름대로 여행길을 만들었다. 이제 드디어 알바니아라는 나라를 가는 것이다. 그리고 이왕 가는 길에 가 봐야 할 곳들을 꼼꼼히 다 들르는 것은 당연하다. 지도를 살피면서 "그래, 여기야. 여기를 꼭 찾아가 봐."라고 한 옛 친구 수녀님의 말씀이 떠올라, 베오그라드에서 사라예보로 와서 하루

티토 무덤.
이름과 생몰연도만 대리석에 간단히 적혀 있다.

JOSIP BROZ
TITO
1892-1980

자고는 메주고리예(Medjugorje)라는 가톨릭 성지의 주요 동네를 방문할 수 있었다. 성모 마리아께서 최근에 나투신 지역이란다.

　나에게는 참 고명하신 가톨릭 노수녀님이 계셨다. 지금은 이 세상에 안 계시지만 이 수녀님의 소개장 덕택에 1987년 콜카타에서 마더 테레사 수녀님을 뵐 수 있었다. 아녜스 수녀님, 고맙고 고맙습니다.

　보스니아의 도시 사라예보는 우리나라의 인사동과 같았다. 어찌 그리도 아담하고 예쁘던지 오래도록 기억된다. 그러나 전쟁의 상흔이 너무 처절했다. 종교가 뭐고 민족이 뭔지 이 시대까지 서로 죽이는 인간의 추악한 속성에 회의를 느낀다.

　사라예보에서 메주고리예까지는 멀지 않아 쉽게 갈 수 있었다. 옛 가톨릭 친구들에게 선물로 주려고 예쁜 묵주를 몇 개나 샀다.

　이튿날 기대하고 찾아간 크로아티아 관광의 백미 두브로브니크(Dubrovnik). 아름답고 멋진 아드리아의 해안 도시이다. 그런데 숙박비가 너무 비싸서 거기를 벗어나 이름 없는 산동네에서 하루를 묵었다.

　다음 날 알바니아로 가기 전 몬테네그로의 부드바(Budva)란 철도 동네에서 함께한 친구와 차량과 헤어졌는데 차가 되돌아갈 것을 걱정했더니 베오그라드까지 기차로 가며 차량도 따로 싣고 간다고 했다. 역시 유럽은 편리한 시스템이 곳곳에 잘 되어 있다.

막상 찾아간 알바니아. 얼마나 기대했던 나라인가. 고등학교 1학년 때 알게 된 이후 근 50년 동안이나 벼르고 벼르다가 찾아간 나라가 실망의 연속이다.

우선 너무 가난했다. 민중의 옷차림부터 거기는 유럽이 아닌 후지고 후진 나라로 보였다. 당시의 정치는 아직도 사회주의 통제를 받는 불편한 나라였다. 한 지역을 가려면 버스터미널로 가야 하는데 그런 인프라가 전혀 되어 있지 않았으니 다른 것은 말해 뭐하겠는가. 시간이 많은 게 내 여행의 정서라 그냥 하는 일 없이 거리를 배회해 본다.

한 젊은이가 다가와 불교 승려인지 묻기에 그렇다고 말하며 난 꼬리아, 한국 사람이며 인도에서 오래 살아가고 있다는 말을 덧붙였다. 그런데 의외의 말이 여행 내내 가슴 아픈 말로 오래 남았다. 자기 나라는 나쁜 지도자로 자유도 없고 가난하고 미래가 안 보인다며 자기는 꼭 인도 같은 종교의 나라로 가서 인생이 뭔지 삶이 뭔지 수행하는 사람으로 평생을 보내고 싶다 하였다. 그리되기를 바란다며 희망을 잃지 말라는 위로의 말을 하고 헤어졌다. 그 젊은이의 말과 표정의 여운이 오래갔다.

이튿날 오흐리드 호숫가 포그라데츠로 갈 때도 정류소가 아닌, 자기들만 아는 어느 지역을 물어물어 가서 한참을 기다리다 이름도 없는 길가에서 출발하는 소형 버스를 타게 되었다. 승객이 다 차야 출발하는 불편한 버스였다.

꿈같은 사라예보
드리나강의 다리.

오흐리드 호수를 배경으로 예쁜 마케도니아 정교회 성당.

좋은 전망을 가진 멋진 이층방 호텔에는 손님이 하나도 없었다. 그래도 저녁 식사도 챙겨 주는 서비스는 고마웠다. 호텔 방값이 식사 포함 1만5천 원 정도였던 걸로 기억된다. 주민들은 슬라브족인 듯하고 종교는 의외로 이슬람이었다. 허름한 옷차림의 주민들은 다 순하게 보였고 자전거를 많이 탔다. 호수가 보통 큰 호수가 아니다. 하얀 거위 떼가 한가히 노니는데 빵 부스러기를 던져 주며 친구가 되었다.

마음속으로 '이런 나라가 어떻게 그 옛날 중국 공산당 나라를 인정했던가.' 하는 의구심이 남았다. 또 한편으로는 뭔가의 기대감으로 찾은 이 나라의 어설픔이라니. 서글픔의 나라로 각인된 것에 씁쓸할 뿐이었다.

다음 날 마케도니아로 가려는데 국경까지 운행되는 버스가 없어 택시로 갔다. 유럽에서 국경을 넘는 일은 옆집 가듯 어떤 제약이나 입출국 서류가 필요 없어 좋다. 국경을 넘자마자 위로를 주는 성 나움 수도원은 정말 예쁘고 소박한, 안아 주고 싶은 자그마한 건물로 저절로 합장이 갔다.

마당 주위에 의외로 공작새들이 많았다. 공작의 자태는 얼마나 환상적인 아름다움인가. 그런데 울음소리는 듣기 거북하다. 이 세상의 존재물은 이런가 보다. 백 가지 다 갖춘 완벽은 없으니. 이 오흐리드 호수 주변의 풍광 좋은 자리엔 으레 성당이 있다. 호수를 배경으로 아름답기 그지없었다.

마케도니아를 거쳐 도착한 그리스는 볼 게 얼마나 많은가. 한데 입장료가 만만치 않다. 이후 불가리아, 루마니아를 거쳐 미리 사 둔 저가 항공권 덕택에 독일 쾰른을 거쳐 프랑크푸르트에서 인도로 돌아왔다.

한 가지 일은, 루마니아에서 기차로 몰도바에 들어갔다가 어이없는 일로 국경에서 몇 시간 머물다 루마니아 이아시로 다시 나왔다. 난 우리 여권으로 모든 유럽에 무비자 입국이 가능한 줄 알고 그냥 입국했던 것이다. 국경 관리소 직원들의 영어 구사가 초등학교 수준인바, "노스 코리아 오케이! 사우스 코리아 노!(North Korea OK! South Korea No!)"를 큰 소리로 연발한다. 알고 보니 우리나라와는 수교가 안 된 나라였다. 지금은 수교하여 무비자 입국이다.

루마니아로 되돌아가는 기차 시간에 맞추려니 반나절을 기다려야 했다. 그러나 재미있었다. 두 나라 국경 지역에 장이 서는 날이어서 구경거리와 먹거리가 많아 여행 맛을 본 것이다. 이국 땅에서의 시골 장은 늘 흥미롭다. 별의별 물건들, 짐승 새끼들, 갖가지 먹거리 등. 아이고 예뻐라, 그 지역 탐나는 수제 인형들의 깜찍함이란!

2009년의 가을 동유럽 여행은 매우 좋았던 축복의 시간, 산 경험의 여행이었다.

세상의 묘지

 아주 어렸을 때다. 1958~1959년도로 짐작한다. 초등학교도 들어가기 전, 대여섯 살 적이었을 거다. 그때는 아직 육이오전쟁의 상처가 아물기 전이었다. 농촌의 가난은 어디서나 보였고 늘 체험할 때였다. 삶이 그저 먹느냐 못 먹느냐에 달린 때였으니까.
 이른 아침이다. 해가 뜨기 전 어슴푸레한 때, 잠이 깨고 부엌에 들어가니 어머니가 말씀하셨다. "올 막둥이 일어났네. 언능 뒤 선산에 가서 할아버지한테 인사하고 오너라."
 할아버지는 내가 태어나기 전에 돌아가셨다. 우리 집 뒤가 바로 선산이었고, 동그란 묘가 몇 기 있었다. 늘 들어 왔던 우리 집 선조들의 묘가 둘씩 가지런히 조성되어 있었다. 정성껏 보살펴 온 그런 묘지였다.

텃밭도 가고 선산에 갈 때 이용하는 문을 지나 할아버지 묘에 다가가니 아버지와 작은아버지 등 동네 친척들이 많이 모여 있었다. 내 위 형들도 와 있었다. 어린 마음에 묘는 늘 누가 잠들어 있는 걸로 알았다.

좀 철이 나서 안 건데, 그날은 할아버지 묘를 이장하는 날이었다. 관습상 해 뜨기 전에 해야 하는 일이었다. 또 여자는 그런 데 갈 수 없었다. 누워 잠을 자는 할아버지로 알았다가 정말 깜짝 놀랐다. 육탈된 하얀 뼈만 있는 모습을 처음 본 것이다.

아버지가 한지로 베개를 만들어 새 나무관에 넣고 송장 뼈를 머리부터 정성껏 신중하게 다 옮기셨는데 지금도 선하다. 이후로 우리 선산이나 공동묘지의 동그란 묘가 사람이 죽어 있는 곳임을 알아차렸다. 그 뒤 어느 묘 앞이든 저절로 마음을 사리며 지나갔다.

내 인생에서 몇 분의 묘지는 큰 감동과 충격으로 다가왔다. 그중 최고의 감동은 인도 뉴델리에 있는 마하트마 간디 묘였다. 나에게 각별한 성인으로 새겨진 숭고한 영혼의 인간 묘지로서 말이다.

시커먼 사각 대리석에 어떤 형상이나 꾸밈 없이 단 한 줄만 새겨져 있었다. 총 맞을 때 외쳤다는 신의 이름 "아, 라마여!"라는 문장. 한쪽엔 영원히 꺼지지 않는 불이 가물거리며 타고 있었다.

고등학교 1학년(1969년) 여름방학 때였다. 당시 드문 월간지 「사상계思想界」를 우연히 읽게 되었다. 그 잡지에서 간디 어르신에 대한 글을 읽고 얼마나 충격을 받았는지 56년이 지난 지금도 그때를 생

뉴델리 라즈가트에 있는 간디 묘지.
검은 대리석과 꺼지지 않는 등불이 인상적이다.
대리석에 발을 디딜 때마다 발바닥이 불에 타는 듯했지만
묘 앞에서는 모든 생각이 멈춰져 버렸다.

각하면 정신이 난다.

 이상하게도 총에 맞아 돌아가신 간디 어른의 삶에 완전히 매료되었고, 나도 저런 훌륭한 삶을 살아가겠다는 각오가 섰고, 이어 죽내 인생길에서 밑받침이 되었다. 내 커서 인도 가면 꼭 간디 묘를 찾아가리라 다짐했다. 사실 어서 가 보고 싶었다. 그러나 당시 외국에 나간다는 건 상상도 못하던 때이기도 했다.

 시절 인연인가. 세월이 흐르며 세상이 변하고 우리나라도 변하고 나도 변했다. 산업발전 아래 잘 먹고 잘 사는 세상이 되어 우리같이 기득권 계급에서 벗어난 사람도 비행기를 타고 먼 곳을 갈 수 있는 시대가 된 것이다.

 내가 바깥세상에 대해 아주 궁금해하던 때, 꿈에도 그리던 외국을 가 보라는 메시지 같은 사건이 터졌으니, 바로 1987년 박종철 물고문 사망 사건이다. 난 이 사건에서 그 어떤 때보다 큰 분노를 일으키며 아직도 나라가 이런 독재의 암흑기인가에 대해 처절한 실망으로 숨쉬기조차 어려웠다.

 거기다 죽은 학생의 마지막 종교적인 행사까지도 정권에 결탁하여 거절하는데 숨이 막혔다.(당시 학생의 49재를 조계사에서 치르지 않고 거부한, 정권의 하수인으로 전락해 버린 한국불교의 파렴치한 행위가 있었다.)

 '그래, 일단 바깥세상으로 나가 보자.' 하여 성지순례 이유를 달고 인도 땅에 첫발을 디뎠다. 1987년. 당시는 여권 만들어 해외 나가는 것에 그리도 준비할 것이 많았으니(그것도 겨우 1년짜리 단수 여권), 첫째 해외에서 초청장이 있어야 했고, 이에 따른 신원조회와 반공교육 참가 이수증 등 복잡한 억지 작업을 반드시 거쳐야만 했다.

: 성자로서 간디 할아버지

인도 천축 땅에 첫발을 디딜 때의 감흥이란. 그것도 45도라는 살인적인 폭염 아래에서.

간디 어르신의 묘지를 찾았다. 뙤약볕 속 누구 하나 없는 무덤 앞에 내가 선 것이다. 대리석에 발을 디딜 때마다 발바닥이 불에 타는 듯했지만 묘 앞에서는 모든 생각이 멈춰져 버렸다. 그저 내가 간디 어르신 묘지에 와 있다는 것 외에 아무런 사념이 없어진 거다. 절을 올린 후 한참을 그냥 무릎 꿇고 앉아 있었다.

무서운 더위 속에 주위는 그저 고요할 뿐. 무덤 한쪽에서 타오르는 불꽃만이 나와 함께 존재했다. 아니, 세상이 멈춰 버렸다. 아, 고등학교 때 간디 어르신에 대해 읽으며 느낀 충격과 감동이 다시 한 번 그대로 이어진 것이다!

묘지에서 나와 찾아간 곳은 길 건너에 있는 간디 박물관이었다. 뭘 보거나 구경할 것 없이 다짜고짜 박물관장을 찾았다. 인도는 사회 정서상 사람에게 계급이 있어 좀 높은 자리의 사람을 쉽게 만날 수 없는 그런 나라다.

안내를 받아 들어간 곳은 지하에 있는 박물관장실이었다. 어렸을 적 매료된 간디 어르신 얘기부터 고양된 내 마음을 설명하고 부탁드릴 게 있다고 했다. 그런데 품위 있게 점잖은 관장님이 내 부탁을 들어주셨다. 박물관 입구에 걸려 있는 간디 어르신의 대형 흑백 사진을 가지고 싶다 한 것이었다.

책상에 비치된 벨을 누르니 사환 아저씨가 들어온다. 무어라고 힌디어로 하는데 나가더니 잠시 후 빳빳한 큰 사진을 가져왔다. 얼마나 고맙던지 코가 땅에 닿도록 감사의 예를 올렸다. 그리고 자그마한 또 다른 간디 사진을 몇 장 더 챙겨 주신다. 사진값을 말하니 웃음 지으며 돈은 받지 않겠다고. 사진을 받아 나오며 '아, 내 이제 성자와 함께 있을 수 있구나.'라는 그 큰 감동이라니.

박물관 바깥 벽에 쓰여 있던 문구는 지금도 법문 중에 말하곤 한다. "진리가 나의 종교입니다.(Truth is my religion.)" 이후 나를 찾아오는 손님들에게 간디 어르신의 사진을 한 장 드린다. 그러면서 하는 말은 "이 세상, 참고 사세요!"

당신께서는 일생 민중을 일깨우며 자신을 지키는 일곱 가지 사회악을 선언하셨다. 간디가 말한 '일곱 가지 사회악'은 이 시대에 딱 맞는 선견 통찰이다.

1. 원칙 없는 정치 (Politics without Principle)

법치를 무시한 제멋대로의 권모술수 정치
2. 노동 없는 부 (Wealth without Work)
　　　땀과 노력 없는 재산 획득, 부동산 차익, 금융 산업
3. 양심 없는 향락 (Pleasure without Conscience)
　　　쾌락 유흥지, 고가 사치품, 도박 마약 등
4. 품성 없는 지식 (Knowledge without Character)
　　　양심에 가치판단 없는 지식인, 교육, 언론
5. 도덕성 없는 상업 (Commerce without Morality)
　　　유해식품, 모조품, 무기판매상, 매점매석
6. 인간성 없는 과학 (Science without Humanity)
　　　대량살상무기 제작, 유전자 조작, 낙태수술
7. 희생 없는 종교 (Religion without Sacrifice)
　　　봉사 없는 물량 성장, 교조주의, 종교 갈등 전쟁

　후에 간디 할아버지의 손자 아룬 간디는 이 리스트에 '책임 없는 권리(Rights without Responsibilities)'를 추가하였고, '노동 없는 부'와 '양심 없는 향락'은 상호연관적이라고 했다.

　박물관을 꼼꼼히 훑어보다 유해를 화장한 이후 골분을 모셔둔 곳에서 또 발길이 멈춰진다. 그 앞에는 총알 두 개가 가지런히 놓여 있었다. 골분은 검은 대리석 무덤과 박물관 안 자그만 제단祭壇에 안치되고, 그리고 티베트의 성산 카일라스 아래 마나사로바 성호聖湖

에 뿌려졌음을 1993년 성산 순례 때 알게 되었다. 나는 아무것도 모르고 그 골분이 뿌려진 곳에서 비박을 했는데 해 질 무렵 희한한 사진을 한 장 찍게 된 것도 무슨 운명이리라.

: 루미 시인

두 번째로 큰 감동을 받은 묘지는, 페르시아의 철학자요 이맘 성직자이며 시인이자 영적 스승인 신비시의 대가 잘랄루딘 루미(1207~1273) 어르신의 묘지였다. 루미 어르신은 튀르키예의 도시 코냐(Konya)에 묻혀 있는데 무덤 위에는 멋지고 큰 청록색의 모스크(이슬람 회당)가 지어져 있었다.

묘 앞에서 예를 갖추고 한쪽에 앉아 이분의 험난했던 인생길을 사념 속에서 굴려 본다. 감동은, 청록색의 모스크가 크고 무덤이 휘황찬란해서가 아니다.

많은 순례객이 조용히 다녀간다. 한 무리의 순례객이 들어오는데 20여 명의 남자 노인 순례단이다. 먼 데서 온 듯하며 옷차림은 좀 낡고 때 묻은 모습이다. 모두 최고 정성의 예를 올린 후 그대로 무릎을 꿇고 작은 소리로 기도를 읊조린다. 그러다가 맨 앞줄 한 할아버지의 한 맺힌 울음소리에 모두 기도는 못하고 컥컥 그냥 울음바다다.

노인들의 울음소리가 가슴에 맺힌다. 성지순례 중에 그 누가 진

튀르키예 코냐에 있는
성자 루미 시인의 기념 모스크.

성자의 무덤.
모스크 안에 묘가 있다.

정한 마음으로 이런 눈물을 흘렸을까! 아니, 그런 울음을 누가 일생에 단 한 번이라도 경험했을까? 2005년 라다크 스님 네 분과 티베트 순례 중 느꼈던 감정이 그대로 되살아난다.

그때 달라이 라마의 고향, 존자께서 태어난 집이 있는 청해성 탁체르 마을을 참배했을 때 그리 우셨는데 통곡의 울음이었다. 달라이 라마는 이분들에게 누구인가? 또 나에게는 누구인가?

이후 쿰붐 사원과 라싸 조캉 사원 참배 때 또 얼마나 우시던지 빨간 토끼 눈으로 밖에 나올 때 나도 덩달아 눈물을 흘리기도 했다. 라싸에 있는 조캉 사원은 티베트 사람이라면 꼭 한 번은 참배해야 하는 티베트의 최고 유서 깊은 절이다. 무슬림이라면 죽기 전에 메카의 카바 신전을 꼭 참배해야만 하듯.

2015년 티베트 스님과 라다크 노스님들을 모시고 스리랑카 순례 중에는 콜롬보 불치사에서 모든 스님들의 참배 기도 시작 후 바로 여섯 노스님들 전체가 울음바다로 끝이 났다. 울다 보니 하셔야 할 기도 경문을 다 마치지도 못한 것이었다.

나이 들면서 눈물이 많아지는 건 자연스러운 현상이라고 하지만 순례 중 노인의 눈물은 예사 눈물이 아니다. 인생의 회한이다. 긴긴 인생길에 오죽이나 한 맺힌 세월이었을까. 인생을 살아오면서 오만 가지 산전수전을 다 겪었기 때문이기도 하다.

코냐의 루미 성자 묘지를 참배하는 모든 이에게 축복이 있기를, 아름답고 기쁨이 배어 있는 인생길이기를 빌고 빌었다.

성자 루미 시인의 아름다운 글을 몇 구절 전한다.

당신의 마음은 촛불이고 당신의 영혼은 불꽃이다. 내면의 빛이 당신의 모든 발걸음을 인도하게 하라.

달은 밤을 피하지 않을 때 더욱 밝게 빛난다.

유일하게 영원한 아름다움은 우리 모두 마음의 아름다움이다.

: 고흐

세 번째, 고뇌의 철학자인 듯한 화가 고흐 묘지 앞에서는 이게 무덤인지 도대체가 민망할 뿐이었다. 세기의 화가로서 명성에 비해 초라하기 그지없는 무덤이었다. 나는 그의 강한 그림 표현을 이미 이렇게 선언했다. "장님도 알아볼 수 있는 그림이다."
자살 직전에 그린 밀밭의 까마귀 떼 그림은 자신의 자살을 미리 상징한 것이었는지. 그렇지만 아무리 가난하고 존재감 없는 한 사람이었다 하더라도 이리 볼품없는 공동묘지의 평장平葬에, 또 허접한 머릿돌과 한 줄 비문이라니. 고흐의 자살이 상상이 갔다. 사람으로서 희망이 없을 때, 자기를 알아주지 않을 때의 비참함이란.

고흐가 생애 마지막 60여 일을 머물렀던
프랑스의 조용한 마을에 자리한 고흐의 무덤.
고흐와 동생 테오가 나란히 묻혀 있다.
볼품없는 고흐 묘지에서 생각했다.
'당신은 끝까지, 죽음 이후에도 고흐라는 참인간을 남겼습니다.'

© 위키미디어 공용

지금 우리 한국 젊은이들의 늘어만 가는 자살률이 그러하다. 한때 우리나라 광고에 이런 천박한 문구가 유행했다. "여러분, 부자 되세요!" 그래, 지금 부자 되어 나라꼴이 이 모양인가. 썩어 빠진 정치인들보다 더 탁하고 냄새 고약한 부류는 소위 성직자들이 아닌가. 잊을 만하면 신문에 대문짝만하게 실리는, 이름 있는 성직자의 신도들 성폭력이나 성추행 뉴스는 무엇인가. 간디 어른이 말한 바로 '희생 없는 종교' 집단인 것이다.

볼품없는 고흐 묘지에서 생각했다. '당신은 끝까지, 죽음 이후에도 고흐라는 참인간을 남겼습니다.'

: **토머스 머튼 신부**

하지만 가 보지 못한 성자의 무덤이 있으니, 토머스 머튼 신부님의 묘지다. 토머스 머튼(1915~1968) 신부님의 묘는 미국 겟세마니 수도원 경내의 수도자 묘원에 있다. 나는 이 신부님을 뵌 적도, 묘지에 가 본 적도 없다.

태국 방콕에서 돌아가셨다. 당시 미국에서 일어난 반전(베트남전쟁 반대) 운동의 기수이셨고 수많은 저서와 연설 등에서 민중의 의지처로 미래의 희망이셨는데 안타깝게 이른 나이에 운명하신 것이다.

신부님은 평소 동양사상, 특히 불교 명상가들의 신비체험에 큰 관심을 가지고 계셨다. 하여 1968년 첫 여행지로 인도에 오셔서 달라이 라마 존자를 만났다.

한번은 달라이 라마께서 법문 중에 "이 세상에서 이름 있는 성직자, 철학자, 노벨상 수상자, 정치가, 예술가, 심지어 스포츠맨까지 수많은 사람을 만났다."며 "그중에서 가장 놀랍고 감동 받은 최고의 사람은 누구였을까요?"라고 하셨다.

뜻밖에도 토머스 머튼 신부님이었다. 이 시대에 매우 훌륭하고 고귀한 분이어서 당신의 정무·교무 일체를 사흘간이나 미루고 사흘 동안 매일 만나서 길고 긴 말씀을 나눴다고 하셨다. 나는 출가 전에 가톨릭 수도자 공부를 하며 이 신부님의 책을 서너 권 읽어 이미 고명하신 성직자로 알고 있었기에 더욱 감명받은 법회 시간이었다.

달라이 라마 존자를 만난 이후 신부님은 바로 태국으로 떠났고 어느 허술한 호텔에서 의문의 주검으로 발견되었는데 선풍기를 수리하다가 감전사한 것으로 발표되었다. 지금도 태국은 100볼트의 전압을 쓰는데 그 정도 전압에 감전으로는 죽음에 이르지 않는다고 한다.

훗날 밝혀진 신부님의 죽음이 알고 보니 CIA의 죽임이 드러났을 때 정치란 얼마나 무서운 것인가를 또 한번 생각하게 되었다. 당시 베트남 전쟁에서 무차별 잔인하게 사람 죽이는 집단이 얼마나 끔

달라이 라마께서 미국 겟세마니 수도원 경내의
토머스 머튼 신부의 묘를 찾아 예를 올리고 있다.

찍했겠는가. 이에 전쟁 반대의 기수로서 신부님의 메시지는 미국 정부에 걸림돌이었으리라.

1997년 달라이 라마께서 직접 수도원의 묘원 토머스 머튼 신부님의 묘소에 가서 예를 올렸다. 티베트 전통의 예법으로 하얀 카타(Khata)를 묘지 십자가에 걸고 큰절을 올리신 것이다. 그러고는 성당에 모인 수도자와 재가자들에게 다음과 같은 말씀을 하셨다.

"가장 깊은 소통의 수준은 소통이 아니라 교감입니다.
그것은 말이 없고, 언어를 초월하며, 개념을 넘어서 있습니다.
우리는 새로운 통합을 발견하는 것이 아닙니다.
우리는 더 오래된 통합을 발견하는 것입니다.
사랑하는 형제들이여, 우리는 이미 하나입니다.
하지만 우리는 그렇지 않다고 상상합니다.
우리가 회복해야 할 것은 우리의 원래의 통합입니다.
우리가 되어야 할 것은 우리가 이미 존재하는 것입니다."

훗날 알고 보니, 달라이 라마께서 누가 돌아가셔서 그분의 묘지까지 찾은 것은 처음 있는 일이었다고 한다. 신부님은 일생 스스로 고통을 체험했고 주위 사람들에게 고통의 가치를 깨닫는 것이 바로 수도자의 바탕이라고 하셨다.

"우리들 가슴 안에 모든 종교는 사원(신전)을 지을 능력이 있다.
우리들 가슴속에 선한 마음 친절의 사원을 짓는 것이다."
"우리들 존재의 중심에는 순수한 빛이 머무는 곳이 있다.
그곳은 죄나 어떤 환상에 물들지 않는 곳이다."

아래 글은 신부님 혼자서 늘 하느님께 올리던 기도문이다.

"주여!
나는 내가 어디로 가고 있는지 전혀 알지 못합니다.
길이 보이지 않습니다.
나 자신도 알지 못하며
당신의 뜻을 따른다는 생각만으로는
실제로 그렇게 하고 있다고 할 수 없습니다.
하지만 당신을 기쁘게 하려는 마음이
실제로 당신을 기쁘게 한다고 믿습니다."

그리고 다음은 어느 날 당신 자각의 글이다. 이 세상에 관해 경멸적이고 부정적 경향이 있던 초기의 태도는 점차 연민으로 바뀌었다. 이러한 태도의 변화는 1958년 3월 18일 그가 체험한 비전에 뿌리를 둔다. 수도원에서 가까운 곳에 위치한 도시 루이빌로 여행하던 중 그는 4번가와 월넛 스트리트가 만나는 모퉁이에 서서 군중을 바라보았다.

"상가 중심에서 나는 감격하여 어찌할 바를 몰랐다. 나는 거리를 오가는 이 사람들을 사랑했다. 그들은 나의 것이고 나는 그들의 것이었다. 비록 서로 낯선 사람들이지만 서로 이질적인 사람일 수 없음을 나는 깨달았다. 이로써 나는 격리된 꿈에서, 모든 것을 단념하는 세계이자 거룩한 곳이라 여겨지는 특별한 세계에 관한 거짓된 자기 고립의 꿈에서 깨어났다. 세상과 격리된 삶을 사는 거룩한 존재라는 망상은 모두 꿈이다. 이는 내 소명을 의심하거나 내 수도원 삶의 진정성을 의심해서가 아니다. 내가 회의한 것은 우리가 수도원에 대해 너무나 쉽게 착각하는, '수도원은 세상으로부터 격리되어 있다'는 관념이다.… 나는 우리가 수도원을 생각할 때 암묵적으로 깔고 있는 이 순진한 망상을 16~17년 동안 진지하게 받아들였다.… 인류의 구성원이 된다는 것은 영예로운 운명이다.… 나는 내가 인간인 것에 대해, 하느님께서 몸소 성육신하신 인류의 구성원이라는 사실에 대해 헤아릴 수 없는 기쁨을 느낀다."

회심을 통해 그는 이 세계에서 살아 계신 하느님, 이 세계를 살아가는 하느님의 사람들, 세계가 지닌 아름다움과 그만큼의 문제를 인식하기 시작했다.

구약성서의 모세 어른이
십계명을 받았다는 시나이산을 오르다

　지금 시나이 반도, 누구나가 아는 구약시대의 모세와 야훼 신이 등장했던 곳이다. 지금은 이집트와 이스라엘의 항상 긴장된 땅. 이집트의 시나이산(해발 2,285미터)은 홍해 바다를 아래로 하고 있는데 역사적이며 종교적인 산이다. 예전부터 가 보고 싶었던 이집트·이스라엘·레바논 세 나라를 한길에 둘러봤다. 그러고는 튀르키예의 이스탄불을 거쳐 인도로 들어왔다.

　인도 델리에서 이스라엘의 수도 텔아비브를 심야에 들어가니 좀 난감했지만 꼼꼼히 준비한 덕에 한밤에 호스텔에 들어가 수속을 밟았다. 여행자에게 어느 나라건 도착 첫날의 인상은 강하게 남는 법이다.

　이튿날 어김없이 새벽에 잠이 깼다. 출가 이후 몸에 배어 굳어 버린 나만의 기상 시간이다. 다인방 도미토리 객실이라서 소리 내지 않고 고양이 세수를 마치고 밖에 나가니, 뜻밖의 갯내음이 왈칵 몸에 달려든다. 5분도 안 걸어 이런 횡재라니.

알고 보니 푸르고 푸른 지중해 바닷가에 이 숙소가 자리한 것이다. 오랜만에 갈매기 나는 해안을 혼자 한 시간도 넘게 걷고 걸었다. 속으로 쾌재. 나 살던 다람살라에서 바다가 보이는 곳에 간다면 4~5일은 차를 타고 가야 하는데!

날이 새는 듯하니 아침 운동이라고 폴짝폴짝 뛰어가는 사람들이 늘어 간다. 구태여 이 신식 도시에서는 오래 묵을 어떤 게 없어 이틀 후 예루살렘으로 올라갔다. 여기도 미리 준비한 대로 예루살렘 호스텔이란 숙소를 이용했다. 여행자란 늘 값싼 곳, 또 편리한 곳을 정해야. 바로 숙소 앞에 구도시 야곱성을 오가는 전차가 있으니 얼마나 편한가!

옛 성안에는 보고 확인해야 할 것이 참 많다. 다행히 순례 나온 목사님 한 분을 만나 모르고 지나칠 뻔했던 곳까지 여러 군데를 자상하게 안내 받았다. 그 좁은 성안이 무슬림 지역, 기독교 지역, 아르메니아 지역, 유대인 지역으로 나뉘어 자기 종교에 따른 삶을 영위해 감이 놀랍게 보였다. 아기 예수가 태어난 베들레헴은 다윗 성곽 안이 아닌 한참 아래쪽 다른 동네에 있다.

같은 조상인 아브라함 계통의 3대 종교인 기독교·유대교·이슬람교의 성지이다. 그런데 그동안 서로 종교 간의 갈등이란! 왜 꼭 자기 교리에만 맞춰야 바른 진리인가? 도그마(DOGMA)란 사람이 만든 교리일 뿐이다. 이론(Theory)일 뿐인 것이다. 그래서인지 훗날 그 이론 교리가 바뀌어 왔다. 그러면서 역사상 사람을 가장 많이 죽이는 종교로 군림해 온 것이다. 지금도 서로 죽이며 싸워 오고 있다.

예루살렘은 아브라함의 신앙을 계승하는 세계 3대 유일신 종교인 유대교·기독교·이슬람교의 성지가 있는 도시인데, 유대교, 기독교와 이슬람교 간 분쟁이 끊이지 않는 도시이기도 하다.

얼추 확인할 곳들을 둘러보고 예루살렘을 벗어나 사해를 끼고 남쪽으로 종일 내달려 육로로 이집트로 들어가는 최남부 국경에 다다랐다. 이스라엘에서 이집트로 넘어가는 국경 타바(Taba Border)를 넘어야 한다.

수속을 밟고 밖에 나가 보니 시나이산을 가려는 내 계획이 완전이 어긋나게 됐으니, 국경에서 220킬로미터 떨어진 성 카타리나 수도원 마을까지 직접 운행하는 교통편이 없는 것이다. 이 수도원에서 시나이산을 올라야 한다.

내가 가야 하는 방향으로 가는 차에 올라 두어 시간 달리니 아주 큰 검문소에서 차가 멈춘다. 한쪽에 세워 둔 우리 차량에서 이집트 군인들이 철저한 짐 검사와 여권 대조를 하는 중 8킬로미터 지점에 성 카타리나 이정표가 보인다!

검사하는 군인에게 내가 내릴 수 있도록 도움받아 이 차의 마지막까지 안 가도 되는 행운을 얻었다. 얼마나 다행인가! 마지막 지점에서 다시 올라와 저쪽 안내판 쪽으로 난 길로 가야 하는데.

군인에게 나의 행방을 말하며 어떻게 수도원 쪽으로 갈 수 있는지를 물으니 도와주겠다며 저쪽에서 기다리란다. 한 시간 정도 기다리니 아래쪽에서 택시 한 대가 온다. 물론 검문검색을 한다. 군인이 내게 손짓하기에 다가서니 이 차를 타고 가란다! 생큐를 연발한 후 차를 타고 보니 스페인 부부가 타고 있는데 자기들도 시나이산을 가려고 수도원 마을까지 간단다. 여행 중에 이런 횡재라니. 한 번 더 검문을 받고 마을에 들었다. 함께 같은 여관에 들어간 건 당연지사.

내릴 때 택시 기사에게 따로 10달러를 주니 웃음으로 고맙다고! 여관을 잡고 저녁식사를 내가 대접하겠다고 우기며 많은 얘기를 나누었는데 끝까지 자기들 음식값은 자기들이 낸다 하니 고집을 이길 수가 없었다. 걸게 차린 한 상이 우리 돈 5,000원 정도다. 여관방은 혼자라고 깎아 주는데 우리 돈 만 원 정도다.

이튿날 먼저 성 카타리나 수도원을 참배했는데 이 수도원은 그리스 정교회에서 운영하고 있었다. 성당 안이나 여러 곳에 그리스 수사 신부들이 있다. 한쪽에 있는 가시덤불나무. 모세가 시나이산에서 본 불타는 가시나무라며 참배객들이 사진 찍고 만져 보고, 어떤 사람은 이파리나 가지를 잘라 가는데 좀 어수선했다.

시나이산 꼭대기.
황량한 돌산으로 되어 있다. 정상은 2,285미터이니 높은 산이다.
겨울에는 눈이 내린다고 한다.

막상 시나이산 정상에 올랐을 때는 온 산 전체에 어떤 풀이나 잡초도 없는 황량한 민둥산이었다. 라다크 지방의 산들과 매우 흡사했다.

이튿날 물 한 병만 가지고 혼자 시나이산 순례길을 걷고 또 걸었다. 보통 순례객들은 수도원에서부터 낙타를 타고 쉽게 오른다. 중간중간에 차도 팔고 먹거리를 판다. 난 고집스레 지참한 물 외에 어떤 것도 안 사 먹고 정상에 이르렀다. 많은 생각이 이어졌는데 과연 성경대로 모세가 전설같이 십계명을 받았는가가 제일 깊은 상념이었다.

그러고는 엉뚱한 생각이라니. 단군 이래 여기를 올라온 한국 비구스님이 있을까 하는 생각에, 1993년 한 달 넘게 걷고 걸어 카일라스 성산에 도달하는 순례자였던 나를 생각해 본다. 후에 알고 보니, 정말 단군 이래 한반도 한국인으로 첫 번째로 카일라스 성산을 순례했던 게 밝혀지기도 했다.

사실, 카타리나 수도원에서 성인으로 모시는 카타리나 성녀에 대한 나의 소견을 쓰려 한 게 어찌 서두가 길어졌다.

성녀는 기독교 초창기에 순교당한 여인이다. 그래서 생몰연도가 287~305년으로 매우 짧은, 18세의 젊은 여성이다. 사정이야 어찌 되었든 그 당시 로마 황제의 명을 어기면서까지 나라의 신을 부정하고 자기 신앙을 따르다가 순교에 이른 것이다.

역사적으로 인류 문명사회에는 꼭 만들어지는 게 신이었다. 인류

시나이산 오르기 전 아래 사막에 성 카타리나 수도원이 있다.
그리스 정교회에서 운영한다.

© 위키미디어 공용

구약성서의 모세 어른이 십계명을 받았다는 시나이산을 오르다

문명사에 그리스의 많은 신들, 로마시대의 수많은 신, 북남미 인디언들의 많은 자연신, 사막이나 산악, 평원의 신들…. 이집트도 그랬고, 인간이 모여 사는 데서는 항상 자기들의 수호신이 만들어졌다. 또 역사적으로 유명했던 사람들은 신의 반열에 들기도 했다. 내가 사는 인도 땅은 어느 곳보다 역사적 전통 종교의 신들이 많기도 하다. 11억 명 넘게 신앙하는 이들이 힌두교도들이다.

 당시 절대 군주 황제의 비위를 거스르면 어찌 되던가. 어떤 절차도 없이 죽여 버리는 시대가 아니었던가. 여인의 목을 치는 무지한 참수라니. 그런데 놀랍게도 목을 치니, 빨간 피가 아닌 우윳빛 액체가 솟아나는 게 아닌가! 글자 그대로 하얀 피가 나왔다는 것이다.

 자, 그러면 이런 전설 따라 삼천리 같은 이야기를 어떻게 받아들여야 하는가. 그냥 옛날 일로, 믿을 수 없는 사건으로 치부해 버릴 건가. 우리나라의 『삼국유사』에 기록된 이차돈 순교에도 비슷한 사건이 나온다. 당시 신라시대 토착 신앙의 수구세력들이 불법을 전하려는 이차돈의 목을 치니 하얀 피가 하늘로 치솟았다는 이야기가 전해 내려온다.

 순교로써 자기 신앙을 보여 준 사건. '내 말이나 신앙이 바르다면 내가 죽으면서 신변이 나타날 것인데 그때는 내 신앙이 바른 것으로 알라.'면서 목을 치도록 한 것이다. 어느 누구도 이런 상황에 대해 진위를 떠나 어떤 설명을 못하고 있다.

'불교 공인의 역사' 이차돈 순교비에 이차돈의 목을 베었을 때 목에서 젖과 같이 하얀 피가 높이 솟구치고 하늘에서 꽃비가 내렸다 한다. 불교에서 아라한阿羅漢이라는 이상理想의 경지에 이르렀을 때 많은 신체적 변화와 능력이 생기는데 『능엄경』에는 아라한의 경지에 오르면 붉은 피가 하얀 기름으로 변한다는 내용이 있다.

5대 달라이 라마의 섭정이었던 데시 쌍계 갸초. 5대 달라이 라마의 죽음을 은폐하고 6대 달라이 라마를 키우는 과정에서 몽골 왕과 갈등 관계가 있었다. 데시의 죽음은 이차돈의 죽음과 매우 유사하다. 몽골 왕이 그를 죽이려 하자 데시는, "당신이 나를 해친다면 매우 후회할 것이오. 당신이 내 목을 치면 붉은 피가 아닌 하얀 감로를 보게 될 것이니!"라고 하였는데, 과연 데시의 목을 치자 하얀 피가 나왔다. 참고로 데시 쌍계 갸초는 재가자였다.

데시 성자는 티베트 의학의 아버지로 불릴 만큼 의학에 뛰어났기에 『사부의전』에 관한 수많은 의학서를 저술하였다. 짝뽀리 의과대학의 설립자이기도 하다. 저술한 논전으로는 의학, 역법, 밀교학에 관한 책들이 많다.

데시의 목을 치게 한 사람은 티베트를 통치했던 몽골 왕이고, 이름은 하상칸이다. 티베트 접경 지역이었던 코슈트칸국의 왕이었다. 데시 쌍계 갸초의 생몰연도는 1653~1705년이고 몽골 왕인 하상칸의 재임 기간은 1703~1717년이다.

또 이 사건은 어떻게 이해할 수 있을까. 사자존자師子尊者와 계빈국

(罽賓國: 현 인도 카슈미르 지방) 국왕의 사건 말이다.

선종 제24조 사자존자 이야기는 『경덕전등록』을 비롯한 수많은 사서에 기록되어 있다. 『불조역대통재』에는 "위$_{魏}$ 제왕$_{齊王}$ 원시$_{元始}$ 8년(247)의 일이다."라고 쓰여 있다.

사자존자는 가볍게 눈길을 내리고 선정에 들었다. 군사들의 소란에도 꿈쩍 않는 승려를 보고 왕이 직접 다가왔다. 왕은 비웃으며 어깨에 걸쳤던 피 묻은 칼날을 얼굴에 들이밀었다.
"스님은 오온이 공함을 깨달았소?"
"오온이 공함을 이미 깨달았습니다."
"그래, 삶과 죽음을 벗어났소?"
"삶과 죽음을 이미 벗어났습니다."
"그럼 내게 머리를 줄 수 있겠군."
"본래 내 것이 아닌데 어찌 아까워하겠습니까?"
말이 끝나기 무섭게 왕은 사자존자의 머리를 잘라 버렸다. 그러자 하얀 젖[白乳]이 하늘로 솟구쳤고, 왕은 팔이 저절로 떨어져 7일 만에 죽었다고 한다.

'젖처럼 하얀 피가 솟고, 왕의 팔이 저절로 떨어졌다.' 이 이야기를 통해 "오온이 공함을 알면 어떤 두려움도 없다."는 것을 알게 된다. 거짓도 허풍도 아니라는 것만큼은 분명히 확인할 수 있다. 사자

존자는 그걸 직접 보여 주려고 짐짓 권력의 칼날을 기다렸던 것이 아니었을까!

　인도 다람살라에서 티베트 불교를 수학한 지 37년이 지났다. 어느 날 밀교 경전을 읽어 가다가 한 줄에서 소스라치게 놀랐다. "사람의 수행 경지가 죽음을 초월하는 보살지에 이르면 피가 우윳빛으로 변한다." 순간 이차돈의 순교와 저 멀리 카타리나 여인의 순교, 또 데시 쌍계 갸초의 죽음, 또 사자존자의 사건이 번득 떠오르는 게 아닌가!
　보살지란 큰 자비의 마음, 큰 사랑의 마음으로 생사를 초월한 절대 대자대비의 마음이다. 남을 위한 무한의 연민, 자기를 희생할 수 있는 크나큰 숭고한 사랑이리라. 2차 대전 때 아우슈비츠 수용소에서 한 유대인을 위해 대신 죽은 막시밀리아노 콜베 신부(1894~1941)의 조건 없는 숭고한 사랑 말이다. 그 누가 남을 대신하여 죽을 수 있겠는가.
　희생 없는 신앙을 가진 자들은 오직 자기 종교만을 알고 다른 종교는 무시하기 쉽다. 어쩌면 타 종교인을 증오하고 자기 교리에 안 맞으면 마귀니 사탄이니 하며 이성을 떠난 막무가내의 종교인으로 되어 버린다. 극에 다다랐을 땐 사람을 죽이기까지 한다.
　사실 이 열린 시대에도 무서운 종교전쟁이 이어지고 있다. 종교가 사람을 죽여 온 이 지구촌 역사라니! 어느 정치 사상보다 위험

한 종교의 탈을 쓴 무지한 살상이라니!

종교라는 포장지에서 벗어날 때이다. 지금도 일요일이면 그 많은 신전과 사원에서 온갖 미사여구의 사랑, 자비란 말이 난무한다. 실천이 없는 종교로 겉만 번드르르한 요즘의 신앙 형태 - 더 큰 성전, 더 큰 신상들이 늘어난다.

요즘 성직자들의 이름 앞에 다는 꾸밈씨를 보면 그 종교가 얼마나 타락해 가고 있는지 알 수 있다. 각 종교의 창시자들이 그런 성직자들의 직위를 정했는가. 늘 배고프고 머리 둘 데 없었는데 지금의 허울 좋은 신전과 사당은 그 어느 때보다도 휘황찬란하다. 역사적으로 종교가 타락하면 허우대만 남고 당치도 않은 직위의 명함만 새로 만들어진다. 한데 그 직함은 어디 공짜로 주는 것인가. 다 냄새 고약한 뒷거래가 따른다. 하긴, 종교 최고지도자를 돈으로 뽑는 현실이라니.

그 누가 이 사실을 부정할 건가. 높은 직위나 직함을 졸지에 받아놓고 희희낙락거리며 새 명함으로 바꾸느라 바쁜 이 한심한 작태라니. 오늘날 우리 사회에 종교 지배자들만 있지 진정한 종교 지도자는 없다. 민중은 종교를 떠나고 있다.

인도의 고대 지혜서 『리그 베다』에서 하나의 진리를 가지고 현자들은 여러 가지로 말하고 있다. 마하트마 간디는 "종교란 가지가 무성한 한 그루의 나무와 같다. 가지로 보면 그 수가 많지만, 줄기로 보면 단 하나뿐이다."라고 했다.

나는 비구로 남겠다. 어떤 화려한 직함이나 직위는 거부할 것이다. 우리 법정 어른스님께서 죽을 때까지 '비구 법정'으로 계셨던 것처럼. 요즘 끄덕하면 대大 자로 시작하는 이 직함을 보자. 모두 대 대 대 한다. 이 '대' 자가 언제나 끝날지.

내가 천운으로 이 시대의 성인을 만날 수 있었음은 내 수행의 복이다. 달라이 라마 어른스님, 마더 테레사 성녀님, 파키스탄의 무슬림 수피 수행자 아쉬랍 아만 어른, 티베트 추르푸 곰빠에서 당신 열두 살에 만난 카르마파 스님, 또 저 멀리 로마의 한 수녀원 원장님, 참으로 감사합니다. 고맙습니다.

저도 당신들처럼 사람을 위하고 사람을 받드는 수행자로 남을 것입니다. 항상 변함없이 낮게 머물며 온갖 더러운 물도 함께 받아들이는 바다가 되겠습니다.

성산 난다 데비

 히말라야의 동서 직선거리가 6,000킬로미터이며 동쪽부터 미얀마, 부탄, 인도의 시킴, 네팔, 파키스탄까지 이어진다. 내 사는 곳이 히말라야 산자락이라서 누가 오면 "나는 좀 큰 정원(꽃밭)을 가꾸며 사는데, 길이가 얼마 되게?"라는 우스갯소리를 하곤 한다. 즉 가꾼다는 정원이 히말라야 전체로 6,000킬로미터의 거대 산을 이야기하며 함께 웃는다.

 처음 산행은 히말라야 산속, 문명권의 사람이 사는 곳을 찾아 오르내렸다. 이후 산행 요령이 생기면서 사람이 살지 않는 곳을 찾아다녔다. 모든 생각을 접고 높은 설산을 우두커니 보기만 해도 참 편하고 행복했다. 어떤 이유를 붙일 필요 없이 그냥 멍하니 보기만 하는 것이다. 거기에는 나도 없고, 아니, 아무것도 없고 그저 산만 있

성산 난다 데비(7,817미터).
인도 북부 가르왈 쿠마온 지역의 천혜의 아름다운 산이다.

는 것이다.

 그중 한 산이 인도 신들이 거처하는 곳이라는 쿠마온 지역의 난다 데비('행복을 베풀어 주는 여신'이란 의미) 성산이다. 성산 난다 데비 일대는 1982년 인도국립공원으로 지정되었고, 산악 행위 및 트레킹이 금지되어 있다. 높이 7,817미터로 8,000미터 이상 되는 14좌 봉우리에 미치지 못하는 게 좀 아쉽지만.

 이 산 자체가 성산이어서 주위의 지명이나 산이 모두 힌두교적인 이름으로 불린다. 또 크고 작은 신전이 많은데 그중 쉬바신에게 헌정된 케다르나스 사원(해발 3,584미터)과 비쉬누 신에게 헌정된 바드리나스 사원(해발 3,133미터)은 종교가 뭔지를 저절로 알아차리게 한다. 그 높은 자리에 그런 돌로만 사원을 어떻게 지었을까 하는 탄성과 함께.

 4월부터 11월까지 공개되는데 헤아릴 수 없이 많은 힌두교도 헌신자들로 늘 붐빈다. 두 사원은 그 넓은 인도 땅에서 생애 꼭 한 번은 참배해야 하는 사원 중의 하나이다. 우선 오래된 사원이다. 바드리나스 사원은 9세기에 지어졌다는 1200년의 역사를 지녔다. 뒷산의 영원한 설산의 장엄과 위용은 보는 이로 하여금 저절로 신앙심을 일으키게 한다. 종교가 뭔가. 찾는 이에게 신앙의 영감을 안겨 주고 또 긴긴 인생에 위로와 희망을 준다면 가치 있는 것이지 않은가!

 이 산의 여러 에피소드랄까. 이 산을 처음 보고 또 계곡을 다녀

본 사람들의 희유한 체험들은 더욱 매력을 가지게 한다. 간디 어르신도 이 산을 처음 마주 대할 때 놀라움인지 뭔지 간에 사흘간 벙어리가 되었다고 한다.

 나도 처음엔 이런 산이 있다는 말만 듣다가, 2002년 라다크 노스님들과 우연히 지나가다가 하루를 묵게 되면서 과연 성산이구나를 온몸으로 알아차렸다. 차를 멈추게 하고 신발 벗고 맨땅에서 삼배를 올렸다. 저절로, 어떤 생각 없이 몸이 그리되었다. 그날 운 좋게 아쉬람에서 하루 자게 되어 이 무슨 인연인가 했다.

 11월이어서 추웠다. 아쉬람은 텅 비어 있었고 집 지키는 할아버지 한 분뿐이었다. 라다크 노스님들의 느낌이 좋았는지 하루를 자게 해 줘서 나무로 지은 방에서 편히 잘 수 있었다. 노스님들은 그 방에서 주무시는 게 그리 좋았던 것 같다.

 라다크는 지대가 높아서 나무가 귀해 흙과 돌로만 집을 짓는다. 생애 처음으로 나무로만 지어진 방에서 잠을 자는 것이었다. 밥은 나가서 먹고 들어왔다. 라다크 스님들과 어디를 다니면 먹는 건 초탈해서 이동이 쉽다. 끼니에 까탈을 부리지 않고 뭐든 감사하게 여기며 잘 드셨다. 아침은 짜이와 알루 빠란타(감자 부침개)로 해결했던 게 기억난다.

 후에 알고 보니 그 집이 간디 아쉬람이었다. 그리고 이런 아쉬람 규칙이 쓰여 있다고 어느 분의 글에서 봤다. 그 글을 그대로 옮겨 본다.

1. 마하트마 간디의 고귀한 철학과 원칙을 존경하고 강한 신념을 지닌다.
2. 인도의 자유와 통합을 꾀하고, 모든 종교와 그들의 계율을 존중한다.
3. 비폭력을 믿는다.
4. 여행가로서가 아니라 정신과 영적인 평화를 찾는 데 아쉬람 시설을 이용한다.
5. 아쉬람의 원칙과 고귀함을 존중하고, 아쉬람 환경을 오염시키지 않는다.
6. 아쉬람 안에서는 술, 담배, 계란, 고기, 생선을 먹지 않으며, 어떤 악행도 하지 않는다.
7. 아쉬람의 일과를 지원하고, 매일 기도에 정기적으로 참여한다.

미국의 산악인 중에 윌리 언솔드라는 사람이 있었다. 난다 데비를 먼발치에서 보는 순간, 그냥 반했다. 묘한 느낌으로 이 산에 대한 경외심과 신화적인 여신이라는 데에 더욱 아름다움을 느꼈으리라. 산악인답게 로키산맥의 장엄이며 멋진 경관을 다 경험한 사람으로서, 훗날 결혼한다면 저런 아름다운 산과 같은 딸을 낳아야겠다고 생각했다.

결혼 후 첫째 아이로 딸을 낳았다. 귀하게 기르면서 아기 때부터, "얘야, 너는 히말라야 난다 데비 여신의 사랑으로 태어난 아이란다." 하며 처음 난다 데비를 본 후의 느낌을 딸에게 쏟았다. 이름부터 아예 '난다 데비'로 지었다.

드디어 딸이 대학에 들어갔을 때, 벼르고 벼르던 성산에 함께 가기로 한다. 이 얼마나 성산에 매료되었으면 딸 이름도 산의 이름으로 짓고 함께 인도에 갈 때까지 성산 얘기를 들려주었을까. 딸도 성장해 가며 아버지와 함께 자기의 분신인 성산에 간다는 미래를 늘 품고 있었다.

드디어 인도 땅에 이른다. 높은 산에 오르기 전 준비해야 할 많은 일이며 짐을 메고 돌봐 주는 꿀리 등은 아빠가 이미 전문 산악인이라 어려울 게 없었다. 아빠도 20년 넘는 세월 속에 사랑하는 딸에게 성산을 보여 주고 싶다는 희망과 기대로 살아왔지 않은가!

그러나 딸이 고산증세로 힘들어했다. 미국에서 제법 높은 산을 오르내리며 적응 훈련을 해 왔지만 히말라야 산속에서는 또 다른 고난도의 적응을 해야 했다. 그래도 난다 데비 베이스 캠프 정도는 올라갈 수 있었다. 그 자리가 5,400미터의 높이. 그러나 딸은 1976년 22세의 나이로 고산증세를 극복하지 못한 채 잠들고 말았다. 훗날 난다 데비 죽음이 세상에 알려지게 되었다.

이 이야기는 영화나 소설이 아닌 실제 있었던 일이다. 당시 죽어가는 딸의 모습을 본 아버지의 심정이 어땠을까. 그 상황을 상상할 때는 가슴이 저린다. 어쩔 건가. 아빠는 딸을 그 자리에 묻기로 했다. 바위투성이 산이라서 돌무더기로만 시신을 덮었다. 그러고는 산을 내려와야만 했으니. 그날 밤 딸의 마지막 운명을 지켜보던 아버지, 아침에 머리가 죄다 하얗게 변해 버렸다고 한다.

사진으로 볼 때 딸은 아주 예뻤다. 현대인의 척도로 아름답다고 하는 그런 예쁨이 아닌 소박하고 청순한 아름다움이다.

딸과 아빠의 산행이 아름다울 뿐이었건만.

언젠가 키노르 산간을 산행할 때다. 어쩌다가 산간마을 부근에 텐트를 치고 마을 근처로 나가려는 참이었다. 깊은 산속이 아니어서 그런대로 사람들이 오가는 산길이었는데 저쪽에서 두 여성이 머리에 땔감을 이고 나온다. 좁은 외길이라서 한쪽으로 길을 내주고 무심코 지나가는 두 여인을 본다. 아, 저런 모습이라니! 딸의 자태가, 아니, 얼굴이 최고 아름다운 여성의 모습이 아닌가!

일단 불렀다. 사진이라도 한 장 찍으려 한 것이다. 엄마는 발걸음을 멈추는데 딸은 부끄러워하며 엄마를 앞질러 저쪽으로 가 버린다. 빨강 댕기를 드리고 가는 뒷모습. 비록 촌스럽게 땔감을 머리에 이고 있었지만, 생명력 넘치는 그 자태! 세월이 제법 지났지만 그 청순한 모습이 지워지지 않는다.

나의 산山 경험에서 몇 산은 참으로 종교적인 성산으로서 지금까지도 내 영혼을 더 높이 더 맑게 고양시킨다. 그 산은 다음과 같다. 티베트 카일라스 성산부터 난다 데비 성산, 키노르 카일라스 성산과 파키스탄 낭가파르바트 성산. 처음 대면했을 때 전율과 함께 힘찬 에너지에 그저 합장으로 맞이했고 합장으로 떠나왔다.

매리설산梅里雪山(6,740미터)은 중국 운남성에 있는 아름다운 산이다. 티베트에서는 강리 카와 까르뽀라 부르며 티베트 4대 성산의 하나로 참으로 빼어난 설산이다.

매리설산은 아직까지 단 한 명도 정상을 밟지 못한 경외의 성산이요 신산으로 남아 있다. 1991년 1월 3일, 신산을 짓밟지 말라는 티베트 불자들의 간곡한 애원과 경고와 성토에도 불구하고 중·일 연합등반대 17명이 등반에 나섰다가 정상을 남겨 놓고 기상악화로 전원 사망하는 사고가 발생했다.

  참고로 지구촌 성산 가운데 아직까지 사람의 발이 정상을 밟지 못한 산은 매리설산, 카일라스 성산, 네팔의 마차푸차례 성산이다. 비밀리에 오르다가 누구나 사고로, 죽음으로 끝났다고 한다.

심마니와 하룻밤

 자정이 좀 지난 시간이다. 뜻밖에도 노모가 샘물 찬물로 목욕재계를 하신다. 이른 아침에 아무 말도 없이. 그리고 심각하게 어떤 소리도 나지 않게 봇짐을 챙긴다. 쌀과 장 두어 가지를 챙겨 넣고는 역시 말 한마디 없이 아들에게 봇짐을 건네면서 합장으로 나가라는 시늉이다.
 이런 일은 대대로 이어져 내려오는 심마니 집안의 불문율로 간밤에 상서로운 꿈을 본 식구들의 행동이다. 노모께서 대삼 삼지오엽을 얻는 상서로운 꿈을 꾼 것이다. 이 꿈을 아들에게 전해 주는 일종의 의식이기도 하다.
 자식이 길을 떠난 뒤에도 집안에서는 삼가야 하는 일이 이어진다. 우선 살생하지 않아야 하며, 비린 음식을 삼가고, 뭘 깨고 자르는 것도 금해야 한다. 말소리조차 조용히 해야 한다. 아들이 산삼을 찾으러 나간 이후 심마니 가족이 지켜야 할 최소한의 규율이다.

아들은 막상 봇짐을 받아 지고 대문을 나서지만 어디로 발걸음을 떼어야 한단 말인가. 전라남도 광양 백운산 자락에서 평생을 심마니로 살아온 사람이다. 일단 지리산 쪽으로 정하고 들어간 곳은 반야봉이 보이는 심원계곡이었다.

이쪽 산세야 예전부터 수없이 지나쳤고 다녀본 경험으로 어디에 가면 물이 있고 어디 가면 밤을 새울 곳이 있다는 것을 알고 있다. 하룻밤을 지새우기에는 아직 해가 많이 남아 봇짐을 내려놓고 어느 능선으로 길을 잡아 발걸음을 뗄까 생각 중이었다.

인연인가, 운명인가! 봇짐을 채고 어깨에 메려 할 때 늘 꿈꾸어 오던 산삼, 아니 일생에 처음 보는 삼지오엽의 특대삼 한 포기가 봇짐 아래에 깔려 있는 게 아닌가!

우선 사방에 큰절을 올렸다. 천지신명께, 산신령님께, 부처님께, 한울님께. 분명 꿈이 아닌, 생시가 아닌가! 대나무 칼로 행여나 뿌리가 다칠까 정성스럽게 흙을 파헤쳤다. 잔뿌리 하나라도 다치면 경삼驚蔘이라 해서 약효가 떨어지는 건 물론 값도 낮게 쳐진다.

단 하룻밤을 자고 집으로 돌아왔으니 노모와 아내의 실망감은 컸다. 아들은 봇짐을 조심스럽게 내려놓더니 노모를 향해 맨땅에서 큰절을 올리지 않는가. 그러고는 와락 껴안더니 어머니 어머니를 부르며 큰 꿈 받아 대삼을 얻었다며 봇짐을 풀고는 많이도 울었단다.

이튿날 새벽 기차로 서울에 올라갔다. 오랜 심마니들은 연계가 있다. 삼을 본 이들은 모두 놀랐으며 당시 최고 재벌가에 전달되었다. 심마니는 고향에 내려가 논 스물다섯 마지기를 샀고, 노모께 비단옷을 해 드렸으며 이후 끼니마다 하얀 쌀밥을 먹었단다.

1980년 광주사태로 세상이 캄캄한 때 우연히 지리산 묘향대 토굴에서 만난 심마니 장씨 이야기를 옮겨 봤다. 그때 산삼에 대한 폭넓은 지식을 가지게 됐고 이후 몇 차례 편지를 써 가며 심마니 장씨를 만나다가 자연스레 인연이 끊겼다.

40년이 훨씬 지났지만 장씨 아저씨의 눈망울이 잊히지 않는다. 착하게 늙어 가는 얼굴에 맑은 눈망울, 그리고 항상 음식을 가리는 행동 등은 그 어떤 종교인보다 훌륭했다. 큰 삼을 얻기 전에 갖추는 기본 행동거지는 숙연해질 정도의 도덕적 생활이었고 그 어느 성직자보다 경건했다.

몇 년이 지난 뒤 강원도 홍천의 살둔골이라는 데서 지낼 때이다. 골짜기에서 홀홀단신 화전농으로 사는 할머니의 말씀. 꿈에 산꼭대기에 올라가면 꼭 큰 무를 뽑아 온다는 것이었다. 꿈 이야기를 몇 차례나 말씀하셔서 짚이는 데 있어 광양의 그 심마니께 할머니 꿈 이야기를 편지로 써서 보냈다.

열흘 후나 됐을까. 심마니 아저씨가 찾아오셨다. 깊은 산중 산세며 산 분위기에 큰 대삼이 확실히 있을 거라며 이튿날 바로 산으로

평생 심마니로 살아가던 장씨 아저씨와 하룻밤을 지낸
지리산 반야봉 묘향대 토굴(해발 1,480미터).
지리산에는 예부터 8대 명당 토굴이 있는데
묘향대, 문수대, 우반대, 만복대, 종석대, 영신대, 금대, 무주대(상무주암)이다.

올라갔다. 닷새 후쯤 빈손으로 내려왔는데, 꿈을 얻지 못한 채 어려울 거로 생각한다며 아쉬움 속에 떠났다. 그 이후 연락은 끊어졌다.

내가 아는 올곧은 수행자인 한 스님, 일찍 출가했고 주로 선방과 토굴에서 정진하는 스님의 체험담을 적어 본다.

겨울철 깊은 산의 이름도 없는 암자에서 정진할 때였다. 오직 화두 일념으로 매일 같은 수행의 나날. 한번은 깊이 졸음에 빠져 좌복에 앉은 채로 문득 꿈을 꿨다.

토굴 앞마당을 십육 나한님들이 죽 지나가는데 모두 산삼을 한 개씩 들고 드시면서 걸어가는 게 아닌가! 마지막 나한님께, "저도 좀 주세요!" 했단다. 나한님이 눈을 흘기며 하는 말씀이라니, "수행자가 졸기만 하고." 하면서 먹다 남은 산삼 꼬랑지를 탁 던져 주셨단다. "이거나 먹어라!" 하고. 나무라는 듯하면서 뭔가 용기를 주는 듯한 꿈. 쌉싸름하며 달짝지근한 산삼 꼬랑지를 한 줄기 얻어먹었단다. 졸다가 꾼 꿈이었지만 참 기분이 좋았다.

그날 저녁부터 온몸에 열이 솟는데 참을 수가 없을 정도의 몸으로 변해 갔단다. 너무 더워 계곡으로 내려가 얼음을 깨고 차가운 물에 매일 온몸을 담그며 한철을 났으며 이후 방에 군불 때는 일이 없어졌다는 얘기.

지금도 그 스님은 건강하게 어떤 음식도 잘 드시며 줄곧 수행자로 살아간다. 훗날 알고 보니 꿈속에서 먹는 산삼을 몽삼夢蔘이라

해서 생시에 먹는 산삼과 똑같은 효과를 본다고 한다.

　나도 한번은 부처님께 뭘 받아 먹은 꿈이 있다. 산삼이 아닌 맑고 맑은 술이었다. 아니, 어떻게, 부처님이 비구에게 술을 주다니! 그것도 음력 정월 초하룻날 새벽, 순백의 설산 꼭대기인 수미산 성산(카일라스 정상의 얼음산)에서 말이다. 부처님께서 손수 맑은 수정 잔에 술을 가득 부어 주시는 게 아닌가! 그걸 단숨에, 어떤 생각도 없이 남김없이 다 마셔 버렸다. 나는 본래 술을 못한다. 속가 집안이 그렇다. 위로 형님들도 맥주 한 잔 못한다.

　부처님이 주시는 술 한 잔, 알고 보니 밀교 수행자에게 술은 득력 得力, 즉 힘을 얻는 상징적인 것이었다. 그래서인지 지금까지 아프다, 입원한다는 일 없었다. 좀 여윈 체질이지만 지금도 나는 어떤 약도 먹지 않는다. 더러 신도분들에게 몸에 좋다는 약을 받지만 다 인도로 챙겨 가서 노스님들께 드린다.

　물론 감기 정도야 들기도 하는데 약 없이 잘 버티면 삼사 일 안에 저절로 낫는다. 속가의 또래 친구들이나 스님들은 뭔가 약을 드신다. 고혈압, 당뇨, 전립선, 혈액 관련 질환이 기본. 일생 병 없이 살 만큼 살다가 주위 사람 고생시키지 않고 쉽게 몸 버린다면 그 얼마나 행복일까!

　며칠 전 초등학교 동창이 무리를 지어 여기를 찾아왔다. 졸업 후 처음 만나는 친구도 둘이나 있었다. 몰라보게 변한 코흘리개 친구들을 60년 만에 만나니 "이게 인생인가." 하며 감회가 서렸다. 그

내 사는 강원도 영월 땅 정암 토굴 산기슭에서
산삼을 캤다(2021년 5월).

저 반갑고 반가웠다. 우리가 이리 살아왔으니 이제 일 년에 한 번씩은 만나자는 약속과 함께 헤어졌지만 벌써 친구들 반 이상이 세상을 떠난 것을 알고 많은 생각을 하게 되었다.

누구나 건강 문제를 이야기한다. 우리가 자라던 1950~1960년대는 왜 그리도 가난 속에 살았는지. 그때는 끼니 안 거르고 밥 세 끼만 먹어도 행복했다. 지금은 먹거리가 풍요로워, 오히려 너무 많이 먹어 몸이 아프고 병이 생기는 듯하다.

인도에서의 수행길과 병행하여 이곳 강원도 영월 무릉계곡에 터를 내린 지도 6년에 들어간다. 여름 석 달과 겨울 석 달은 인도의 라다크 지방과 다람살라에서 살아간다. 봄 가을은 이곳 정암 행자로 살면서 나무도 하고 밭일도 하고 잡초를 뽑는다. 그런데 여기 정암에 터를 잡고 나도 산삼을 얻었으니. 그것도 세 뿌리나!

어느 심마니처럼 삼지오엽이 아닌 일지의 작은 산삼이지만 기분이 좋았다. 사진 찍어 전문가에게 보였더니 25년 정도의 삼이란다.

나도 삼을 보자마자 사방을 향해 큰절을 올리고 정성으로 캐어냈다. 세상에! 늘 오르내리던 산길 바로 옆에서 캤는데 어느 날 딱 보이는 게 좀 영물靈物스럽구나를 마음에 새겼다. 이리저리 산삼이 보이니 여기 오래 살면서 꼭 모삼母蔘 한 뿌리 캐어 보기를 은근히 희망해 본다.

우크라이나의 추억

　지금 러시아와 전쟁 중인 우크라이나를 좀 이른 세월에 여행할 수 있었다. 2009년도로 기억한다. 그 나라를 가 보고 싶었던 동기는 내 나이 20대 때 니콜라이 고골의 『대장 부리바』란 소설을 읽고 마지막 장면에서 주체할 수 없는 눈물이 폭발된 이후, 내 일생에 그 부리바 대장이 살았던 곳, 또 그분이 활동했던 곳들을 꼭 가 보리라고 다짐해 온 인연이다.
　그리고 그 소설을 읽은 지 40년이 훨씬 지났지만 우크라이나 생각을 지울 수 없었다. 소설이지만 주인공은 역사적 인물. 그곳 주민들은 그분을 "타라스 불바"로 불렀다.
　여행 시작은 독일 베를린에서부터였다. 한 독일 남자를 인도에서 알게 된 인연으로 그의 집에서 며칠 머물 수 있었다. 여행 중 아는 사람의 집에서 먹고 잔다는 게 얼마나 큰 배려인지. 특히나 유럽 땅에서라니. 그 사람이 뿌나에서 더위를 피해 처음 다람살라에 왔을 때 우리 된장국과 된장찌개를 얼마나 맛나게 먹던지, "당신 독일 사람 맞아?" 하면서 많이도 웃었다.

여행 정보를 다 챙긴 뒤 국경을 넘어 첫발 디딘 곳은 폴란드 크라코우(크라쿠프)였다. 도시 전체가 유네스코 세계유산으로 지정되어 볼 게 많았다. 다음 날 만사 제쳐 두고 악명 높은 아우슈비츠 수용소에 갔다. 유대인만 죽인 게 아닌 폴란드 정치범이나 나치에 반하는 많은 사람들도 무참히 희생된 것을 알았다.

그중 유대인을 숨겨 준 죄목으로 끌려온 폴란드인 막시밀리아노 콜베 신부님이 처형된 지하실도 가 봤다. 총살형이 아닌, 일부러 고통 속에 굶겨 죽인 나치의 만행이라니!

더러 사건을 알겠지만, 콜베 신부님 막사에서 젊은 유대인 하나가 탈출해 간 것을 알게 된 수용소 지휘관이 수용자를 다 모아 놓고 무작위로 열 명을 지목해 나오라고 하면서 "도망간 한 사람 대신 너희 열 명을 처형하겠다."고 했다. 그중 한 사람(가조브니체크)이 울면서 "나는 가정도 있고 처자식이 있으니 제발 죽이지 말아 달라."고 통사정이었다. 이때 신부님이 "내가 저 사람 대신 죽겠다."고 하니 수용소 지휘관의 자존심이 상했는지 신부님 포함 열 사람을 총살 처형이 아닌, 물 한 모금 안 주고 굶어 죽을 때까지 가두는 지하 감옥에 처넣어 버렸다. 기록에 따르면, 마지막으로 죽어 나간 이가 콜베 신부였단다.

　이 사실이 2차 대전도 끝난 후 회자되다가 이 신부님의 살신성인 행이 가톨릭 성인품에까지 올랐다. 로마 바티칸에서 성인품에 오를 때 신부님 대신으로 살아남은 할아버지가 시복식과 시성식 미사에 참석했다는 뉴스를 듣고 당시 할아버지의 마음은 어땠을까 하는 생각으로 가슴이 참 뜨거워진 기억이 있다. 나는 콜베 신부님이 돌아가신 지하 감방에 가서 인간적인 예를 올렸다.

　드디어 우크라이나행인데, 밤 버스로 들어가 이른 아침에 도착한 도시는 르보브(르비우). 역시 도시 전체가 세계문화유산으로 지정된 참 아름다운 곳이었다. 숙소를 정한 뒤 한숨 자고 나서 버스터미널로 가서 내일 가야 할 곳을 미리 예매해 뒀다. 카미아네츠 포딜스키. 여행자의 안내서 「로운리 플라넷(Lonely Planet)」에서 찾아낸 장소로 지역 주민들은 그런 곳 모른다고 했다. 소설에서 나오는 대장 부리바가 성을 쌓고 활동한 옛날의 지역 이름이다.
　이튿날 아침 버스 시간표에 맞춰 근 반 시간 전에 정류소에 나가 내가 타야 할 버스를 물으니, 맙소사! 반 시간 전에 떠났다는 것이다. 시간에 안 맞게 어찌 그리 일찍 떠났느냐고 방방 뛰며 따지니, 벽에 걸린 시계를 가리키며 정시에 떠났다는 것이다. 시계를 보니 맞는 말인즉 내 시계가 틀렸다는 걸 그제야 알았으니!
　나는 유럽 전체를 동일 시간대로 알았는데 시차가 있고 우크라이

나는 한 시간 빨랐던 것이다. 어제의 폴란드보다 한 시간이 빨랐다. 마침 그리 오래 기다리지 않아도 되는 시간에 다음 차가 있어서 얼마나 다행인지! 또 내 놓친 버스표로 탈 수 있다니! 생큐를 수없이 연발했다. 하루에 두 번 운행하는 버스였다.

목적지는 꽤 멀었고 도로 포장이 어설펐으며, 멈추고 가고 쉬다 가고, 인도식 로컬 버스 비슷하였다. 점심때가 되어 승객들을 따라가 먹음직한 걸로 한 가지 골라 먹고 또 움직인다. 이국에서 창으로 풍경과 사람들 모습을 보는 재미가 좋다. 이것도 여행이 아닌가. 다행인 것은 후진국일수록 물가가 싸고 여유가 있어 여행 맛이 났다.

카미아네츠에 늦은 시간에 도착했다. 저쪽으로 옛날 건축물로 보이는 큰 성이 있고 주위에 뿔난 건물과 갖가지 깃발이 보인다. 높은 자태로 봐서, 내가 가 봐야 할 성이 보나 마나 저곳이다. 일부러 성 근처에 숙소를 잡았다. 앞 공터에 청동으로 제작된 큰 기마상이 눈에 띈다. 바로 불바 장군을 만들어 놓은 기마상인데, 멋졌다.

호텔 이름도 타라스 불바다. 이층 목조 건물에 나무 향이 솔솔 풍기는 게, 지은 지 얼마 안 된 건물이다. 우리나라의 삼분의 일 가격. 이 멋진 건물의 방값이 2만 원 정도다. 아침 식사는 몇 시에 하는지 알려 주며 방 열쇠를 건네고는 방안에서 금연을 말한다. 이층 방에 들어가니 저쪽의 성이 완전히 매력적으로 보인다.

아침 식사를 마치자마자 성안으로 갔다. 바닥은 천연 바위산으로 주위는 역시 천연 해자垓子가 빙 둘러진, 글자 그대로 천연 요새다.

말발굽 형상의 이런 성터라니. 들어가는 성문만 닫으면 그 누구도 성안을 얼씬 못하는 형국이다. 불바 장군이 여기를 터전으로 그 넓은 우크라 평원을 정복하며 당시 나라를 이끌었던 것이다.

막상 성을 샅샅이 다니다 보니 더 이상 이곳에 묵을 필요가 없어 흑해의 최고 요충지 오데사로 떠나기로 했다. 역시 밤 버스다. 나는 인도에서 장거리 이동에 익은 사람이라 외려 호텔비 아끼며 하루를 번다는 생각으로 밤 버스를 이용하는 데 별 어려움이 없다.

오데사, 흑해 바다의 최고 군사기지이다. 역사적으로 이 항구를 누가 점령하는지에 승패가 달렸으니까. 지금도 러시아와 전쟁 중 이곳을 두고 상호 간 공격이 이어진다.

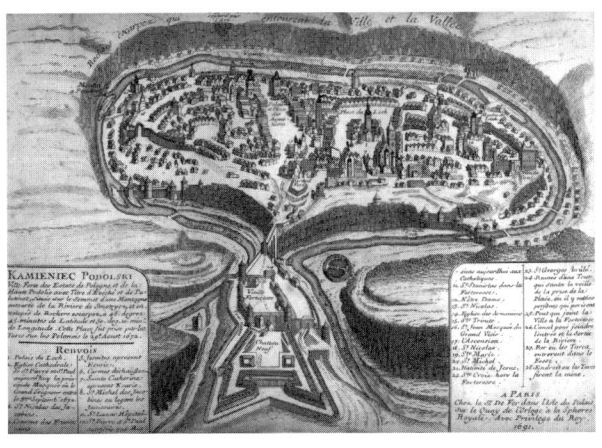

카미아네츠 구 시가지와
성을 묘사한
1691년 프랑스어 지도.
ⓒ 위키미디어 공용

카미아네츠 포딜스키 성.
우크라이나 서부에 있는,
너무도 좋은 자리에 지어진 성채이다.

ⓒ 위키미디어 공용

얼추 훑어본 후 크림반도로 가야만 했다. 세바스토폴이며 우리나라 비극의 역사가 결정된 얄타가 있는 곳이다. 버스는 하루 한 대. 길이 멀어서인지 이른 아침에 출발한다. 미리 아침용으로 빵과 물, 과일을 준비했고 이동 중 우적우적 먹어대며 끼니를 때웠다. 점심도 이런 식으로.

이제나 저제나 목적지는 나타나지 않고 날이 저물어 간다. 여행자에게 첫 발길이 밤중이라면 낭패가 크고 어쩔 수 없이 고생하는 게 다반사이기에 은근히 걱정이 되었다. 가이드북에서 미리 짚어 둔 내 숙소는 호텔이 아닌 홈스테이로, 어떻게 도움을 받아 그곳을 찾아갈까 걱정이던 차였다.

옆 사람의 손전화를 쓰며 "나는 여행자로서 당신 집을 어떻게 가야 하는가?" 물으니 "종점까지 가지 말고" 하면서 전화기 주인을 바꿔 달라고 하더니 현지인과 알아들을 수 없는 말을 주고받는다. 좀 가다가 옆 사람이 여기서 내리라는데, 이 캄캄한 밤중에 어찌하란 말인가. 허허벌판에 내려 참 황당할 따름이었다.

막막할 때 늘 구세주가 나타나는 법. 쌍라이트를 켜고 차 한 대가 다가온다. 무조건 멈추게 하고, 지금 내가 어디를 가야 하는데 방법이 없다며 도와달라고 하는 몸짓 발짓이 통했다. 다행히도 운전자는 영어가 통해서 홈스테이 전화번호를 주니 전화를 걸어 준다. 주인과 이야기하더니, 자기도 처음 가는 곳이지만 그곳에 들러 나를 내려 주고 가겠다는 놀라운 배려에 이제 살았다를 연발했다.

2킬로미터 정도를 달려 저기 불빛의 집을 찾아가란다. 큰 소리로 "생큐"를, 그리고 "신의 축복이 함께하기를!(God bless you!)"을 외쳤다. 9시가 넘은 한밤중에 홈스테이 집을 찾아간 것이라니, 이런 행운이!

주인은 영어가 유창했다. 내가 꼬리안이고 지금 오데사에서 오는 길이며 우선 배가 무척 고프니 밥을 달라고 하니, 웃으며 자기 집에 코리안은 처음이라면서 전자레인지에 음식을 데워 준다. 빵과 치즈, 이름 모를 요리가 얼마나 맛나던지, "생큐"와 "베리 딜리셔스"를 연발로!

이튿날부터 이어지는 며칠은 참으로 여유 있는 여행이었다. 홈스테이 주인이 자기가 왜 크림반도에 정착했는지, 할아버지 때부터 자기 조상들인 타타르족의 불운과 자기도 태어난 곳은 우즈베키스탄인데 본고향 찾아 여기에 정착했다는 여러 얘기를 들려준다. 이 민족도 고난의 연속 속에서 혈통을 지켜 온 내력이 보통 복잡하고 힘든 여정이 아니었겠구나 알게 되면서 우리 지구촌 사람들의 보이지 않는 이면을 이해해 본다.

시장에 들러 보니 타타르 민족의 예술, 목각과 도자기 등이 너무 예뻐서 지니고 싶었지만 여행길에 짐이 될 뿐이라 그냥 눈으로만 보고 지나갔다.

드디어 얄타 읍내, 1945년 미국·영국·소련 삼국이 회담한 곳이다. 한마디로 강대국의 자기들 맘대로 우리나라의 일이 결정되는

크림반도 얄타 회담에서 우리나라의 일을
자기들 입맛대로 결정했던 셋. 왼쪽부터 처칠, 루스벨트, 스탈린.

ⓒ 위키미디어 공용

데, 다 늙은이들(영국 처칠: 70세, 소련 스탈린: 66세, 미국 루스벨트: 63세_ 회담 두 달 후 사망)이 우리나라 비극의 38도 선을 결정한 시작점이 되었고 남북한의 38도 선을 긋는 실제적인 언급이 여기서 시작되었다.

세 늙은이가 앉았던 방에는 의자와 탁자가 그대로 놓여 있었다. 씁쓸한 뒷맛 속에 사진 한 장 못 찍고 나오는데 별별 상념이 다 들었다.

세바스토폴 항구. 2차 대전 때 처절하고 치열한 전투를 치른 곳이지만 역사 속 비극의 세월은 이제 안 보인다. 그저 풍광이 멋지다. 심페로폴에 나가 우크라이나의 수도 키예프로 갈 밤 기차의 침대칸 표를 구매했다. 맘 편케 세월 가는 줄 모르고 이곳저곳 다니다 보니 크림반도를 샅샅이 뒤진 꼴이었다.

이제 떠나야 한다. 홈스테이 아저씨에게 고마운 마음을 표현한다. 혹시나 어느 코리안이 크림을 간다면 당신의 집을 소개해 주겠다고. 아직까지 그런 사람을 못 만났고, 요즘은 전쟁 속이니 누가 거기를 찾겠는가.

키예프행 기차는 밤 7~8시경으로 기억하는데 저녁 먹거리를 준비해서 역에 나가니, 맙소사, 곳곳에서 끼니를 파는 게 아닌가! 미리 먹거리 준비한 게 괜한 헛일이었음에. 뭐라도 팔려고 내게로 다가오는 아낙들에게 미안했다. 우리 커 갈 때, 1960년대의 저녁 무렵 기차역이 아슴히 생각났다.

기차는 소련제. 대륙성 기질로 엄청 큰 방에 네 사람이 자도록 위

아래 두 개의 널찍한 침대가 있다. 이불도 충분하고, 깔끔한 하얀 시트가 두 개나, 또 베개 시트도. 기차가 떠날 즈음에 아기를 안고 오는 엄마에게 몸짓 발짓으로 어디를 가느냐 하니, 어느 역에서 내린다며 모스크바로 가는 갈아타는 역을 말하는데 모르는 곳이다.

출발과 함께 완장을 차고 제복을 입은 군인이 표 검사를 하며 내 여권을 가져간다. 나는 먹을 것 챙겨서 먹고 잠 속으로. 잠을 깨고 보니 내 여권이 머리맡에 있고 모녀는 내리고 나 혼자였다. 더 자다가 깨어 환한 것을 보니 아침이다.

키예프엔 좋은 시간에 내렸고 지하철로 내가 묵을 숙소 근처 역까지 쉽게 이동했다. 한데 지하철을 타기 위해 안으로 내려가고 나오는데, 얼마나 깊은 곳까지 오르내리는지 전쟁을 대비했다는 그런 좀 으스스한 깊은 땅속이었다.

5분도 안 걸어 찍어 둔 큰 호텔이 눈에 띈다. 여기를 선택한 건, 이 오성급 호텔만이 8층에 도미토리가 있다는 정보를 알았기 때문이다. 아직 12시가 되려면 멀었지만 용감히 프런트에 가서 "다인 방요. 침대 한 개."를 요청했다. 그리고 여권을 보여 주고는 "나 코리안. 하지만 인도 오래 산다."며 호감을 주는 뜻으로 흑백의 간디 사진 한 장을 선물로 줬다. 그도 인도 여행 하고 싶다며 얼른 쪽지를 떼어 주고는 저기 엘리베이터 타서 8층이 내 잘 곳이라며 매우 쉽게 처리를 해 준다.

방에 들어가니 침대 여덟 개만 달랑 있고 여행자가 없다. '운 좋

네.' 하며 씻고 누워서 쉬려는데 웬 노크 소리. 체크인해 준 아저씨다. '뭐가 잘못된 게 있나?'

그는 웃으며 빳빳한 티켓 한 장을 건네며, '원래는 다인방 손님에게 안 주는데 당신이 간디 사진을 줘 매우 기분 좋다.'며 다음 날 아침 식권을 주는 게 아닌가! 공짜로 찬란한 오성급 호텔에서의 아침 식사라니! 가난한 여행 중에 이런 횡재가! 그날은 감사의 날로, 또 사람이 기분 좋을 땐 모든 일이 날아가는 기쁨으로.

시간이 되어 걸어서 찾아간 곳은 성 미카엘 성당이다. 많은 금빛 돔이 어찌 그리도 예쁘던지. 다음은 그리 멀지 않은 성 소피아 성당. 큰 강 주변에 위치하고 경관이 빼어나다. 이 성 소피아 성당은 일부러 찾아간 곳인데, 참배하는 마음으로 성당 뜰의 지하 구도처를 보는 게 우크라이나에서 마지막 내 여행 목적이었다.

안내하는 수도사의 도움으로 내 일생 수행의 한 체험을 이룬 것이 되었으니 그저 환희와 감사로, 지하 공간의 수행처를 참배하는 내 마음, 아니, 내 영혼은 고양될 수밖에 없었다.

이 나라는 평원 자체이며 산이란 거의 없다. 옛날부터 영적인 수행자는 적정처를 찾아 산속이나 사막으로 들어가 참나를 실현하고자 했다. 삶 속에서 고독의 시간에 침묵으로 나를 집중하여 보는 일이 명상이라면 최고의 명상인 것이다.

티베트 불교에는 폐관 수행이라는 게 전통으로 내려온다. 천 일 동안 자그만 움막 속에서 빛을 차단하고 시간을 단절시킨 속에서의 절대 자기 명상이다. 티베트 말로 '로쑴최쑴'이란 절대고독 속의 명상법이다.

　지하에 들어가니 통로가 여기저기로 이어지는데 통로 벽에 푹 파인 공간이 최소한의 자기 명상 공간이다. 아, 여기서 평생을 사신 분들은 과연 누구일까! 몇 군데 파인 공간에는 수행 중 돌아가신 분들의 시신이 그대로 있다. 박물관에서 보는 그런 시신이 아닌 몸으로 어찌 보면 끔찍하기도 했지만 나에게는 그저 충격의 감동으로 다가왔다. 감사합니다!

　이리 사시다가 죽음을 맞이한 분들에게 그 누가 자기 종교적 견해로 인생 가치를 판단할 것인가. 지금 성직자들의 호화찬란한 위선의 모습이 어디 여기에 가당키나 한가. 사진을 찍는다는 어리석은 생각은 조금도 떠오르지 않았다. 그저 진심의 합장 공경이다. 속으로 내가 과연 일생 수행자로 이분들의 곁을 따라갈 수 있을까 하며 부끄러운 마음뿐이었다.

　이 지하 동굴 수행처만 본 것으로도 이번 여행의 가치를 충분히 보상 받았으며 나 개인적으로 일생 동안 수행의 표본으로 남을 것이다. 그저 감사합니다. 내 순례 여행 중 카일라스 도보 때의 체험과 이번 순례는 죽을 때까지 스승으로 남을 것이다.

　이후 기차로 폴란드 바르샤바를 거쳐 동화 속 같은 발틱연안 삼국, 또 스칸디나비아 삼국을 쏘다니는 타고난 여행길에 빈틈없는 나만의 여행을 마치고 내 삶의 터전 인도로 다시 갔다.

노르웨이에서는 모든 게 비싸기만 한 게 이루 말할 수 없었다. 한 도시에서는 유스호스텔이 없어 감히 호텔은 못 들어가고 경찰서를 찾아가 하루만 재워 달라는 부탁을 했다. 웃으며 '우리는 5시에 퇴근하니 불가능'이라 하며 몇 군데 전화를 하더니 최고 싼 방을 구해 준다.

그 싼 호텔방도 비싸기로는, 나로서는 하늘 요금인바 우리 돈 25만 원 정도였으니 그 나라 수준을 알 만하였다. 하긴, 당시 국민소득이 9만 유로라니. 우리나라의 3만 달러는 비교가 안 되었다.

어찌어찌 오슬로까지 내려가 인도에서 알게 된 루마니아 친구 덕에 아파트에서 천상의 생활을 마치고 파리를 거쳐 인도로. 나에게는 인도가 늘 몸도 편코 맘도 편한 최고의 나라지.

어서 우크라이나 전쟁이 끝나 그 아름답고 편안한 민중의 나라로 돌아가기를!

이등병 졸병 때 이야기

　한국 남자라면 군대 생활에 대해서는 누구나 할 말이 있고 좀 과시하고 싶은 뭔가가 있을 것이다. 나는 1973년 11월 30일 논산훈련소에서부터 군 생활 3년이 시작되었다. 악명 높은 '10월 유신 선언' 이후 갓 1년이 지난 때라, 당시 군대 생활을 한 사람은 얼마나 쥐어짜이고 힘했던 세월인지를 알 것이다.

　이젠 나도 나이 칠십이 넘어 지난 세월을 돌이켜보면 다 그럴 수도 있는 일로 받아들인다. 어찌 보면 내 인생의 탄젠트가 유신 선포와 함께 꼬이면서 출가수행의 인생길로 확 변하게 되었으니까.

　나의 대학 학번은 72학번이다. 전주교육대학에 재학 중 10월 유신이 선포되면서 내 인생은 전혀 뜻밖의 길로 바뀌어 버렸다. 교내 프락치 사건에 연루되어 곤혹을 고되게 치렀다. 시멘트 방 지하실에 끌려다녔으니까. 그 누가 알랴. 아니, 누가 상상이나 할 수 있으랴. 그 안에서 인간 존엄은 말살되고 이성이 마비되는 심문을 당하는 사연을! 그래도 몸 상하지 않았고 큰 문제로 비화되지 않아, 이렇게 살아 글도 쓴다. 큰 문제란 억지로 만들어진 빨갱이 간첩이 되지 않았음이다.

당시 유신 선언이 발표되니 사회 민중에게 의지가 되고 빛이 되어야 할 성직자들이 앞다퉈 가며 정치권에 발맞춰, 하늘이 내신 성군이니 우리를 구해 줄 최고 대통령이니 하면서 찬양 일색으로 자기 자리를 공고히 하는 걸 봤다. 불교고 기독교고, 가톨릭 외의 성직자들은 정말 가관이었다. 연장선상에서 박정희 대통령이 시해되고 전두환이 집권하니 광주 시내의 많은 목사들이 전두환 찬양 일색과 아부성 기도회로 민중의 가슴에 대못질을 했다.

10월 유신 때의 한 구호, 벽보며 교과서며 늘 보이는 곳에 쓰여 있던 문구가 잊히지 않는다. "10월 유신 100억 불 수출 1000불 소득." 사실 민중을 우습게 보며 가지고 노는 꼴이었다.

나의 또 다른 분노는 내가 다니던 대학 교수들의 비겁함이었다. 제자가 죽어 나가건 어찌됐건 제자인 나를 옹호하고 보호하는 선생이 하나도 없었다. 자기만 살려는 행동에 인간은 이런 존재인가, 이런 학교 나와서 무슨 인간이 되겠는가 하는 고심 끝에 자퇴를 하고 가톨릭신학대학에 입학했다. 당시 교육대학을 나와 교사가 되면 남자로서 고역이라 할 군 면제 혜택도 있었는데 전혀 개의치 않고 학교를 포기했다.

 군입대 이후 논산훈련소에 모인 장정들은 훈련을 다 마치고 병과별 주특기 교육, 즉 제2 훈련소로 나뉘어 각자 두 번째 훈련소로 물건 팔리듯 끌려갔다. 나는 전투공병 병과로 공병학교에서 6주 훈련을 좀 세게 받아 냈다. 주로 폭파와 지뢰를 다루는 별난 교육이라서 좀 유별났다.

 교육 중 정말 배가 고팠다. 위에서부터 부정이 저질러지니 우리 졸병이야 주는 대로 먹고 시키는 대로 해야만 했다. 훈련이 끝난 뒤 3년을 살아야 할 사단 배치 때 어딘지도 모르게 끌려갔을 뿐이다.

 그 혹한의 겨울에 방수포만 씌운 트럭을 타고 드디어 도착한 곳은 강원도 화천 땅이었다. 최전방 부대였다. 후에 알고 보니 당시 대통령이 그 사단에서 사단장을 역임했기에 무슨 검열이건 1등을 해야 해서 사병들은 괴로웠다. 특히 육군본부 지휘검열 때는 몇 시간도 아닌 단 몇 분 검열에 석 달을 잠 못 자고 준비를 해야만 했다.

 마지막 공병부대에 더플백을 내려놓고 중대 배치를 받았다. 무슨 인연인지 난 바로 특명을 받아 또 훈련소로 가야 했는데 우리 사단 핵사병으로 차출된 것이다. 바로 또 더플백을 싸서 춘천의 한 야전부대 교육대를 찾아갔다. 화학부대였다.

 이 부대에서는 총 쏘고 뛰고 달리고 하는 게 아닌 서면 이론 교육이 대부분이었다. 먼저 소양시험을 통과해야 훈련을 받을 수 있는 자격이 주어졌다.

사병, 하사관, 장교까지 전국에서 모인 사람들이었다. 이등병은 나뿐이었다. 한 시간가량의 시험을 치르고 중대장 격인 대위 계급의 장교가 시험지를 다 걷어 갔다. 얼마 후 들리는 소리. "전달한다! 보병 ○○사단 공병대대 이병 ○○○ CP 앞으로 구보하라!"

아니, 내 이름을 부르는 게 아닌가! 모자 챙겨서 나가려 하니 뒤에서 들리는 말이다. "너는 죽었다. ××야! 인마, 빨리 뛰어가!" 사실 군부대에서 본부로 오라는 건, 막말로 뭐가 잘못되어 깨지러 가는 거다. CP 앞마당으로 달려갔다. 시험 감독한 장교가 바로 나오며 따라오란다. 대대장실이다.

긴장 속에 큰 소리로 충성과 함께 "이병 ○○○, 불려 왔습니다."라고 보고했다. 뜻밖에도 대대장이 시험지를 들추더니 부드러운 소리로 "귀관이 이 시험지를 쓴 건가?"라고 묻는다. 놀랍게도 내가 쓴 시험지다. "예! 제가 쓴 겁니다!" "그러면 한 가지 묻겠다. CBN을 영어로 말할 수 있는가?" "예. 케미컬(Chemical), 바이올로지컬(Biological), 뉴클리어(Neclear)입니다."

화생방化生放을 영어로 말하라는 것이었다. 군대에서 대량살상무기인 화학, 생물학, 방사능 무기를 줄여서 부르는 말이다. 대답이 끝나니 "귀관은 어느 대학을 다녔는가?" 묻는다. 무슨 대학 다니다 왔다는 대답 끝에 옆 장교를 부르며 하는 말이라니. "부관! 저 사병, 학교 교육이 끝날 때까지 모든 야간근무에서 열외시킨다!"

뭘 잘못해서 두들겨 맞는 생각으로 왔다가 놀랍게도 이런 칭찬의

함께 근무한 내무반 친구.
50년 세월이 흘렀지만 지금도 만나는 군대 친구이다.

특별 조치를 받다니. 알고 보니 이 군부대 학교에서 소양시험 만점자가 처음 나왔다는 것이다. 휴. 내 기억에 시험은 25문제였다. 시험이 끝난 후 호명된 몇몇 사병은 본대로 돌아갔다. 공부할 수가 없는, 즉 자격 미달이었다.

　여기서 이 대목을 좀 끼워 넣어야 좋을 것 같다. 논산훈련소에서 훈련받던 중 제일 힘들고 고달팠던 건 바로 유격 훈련과 각개전투 시간이었다. 각개전투 교육은 그야말로 빡빡 기며 받는 고난도 훈련이다. 낮은 포복으로부터 별별 장애물을 다 통과하고 마지막 능선을 넘어 그동안 배운 총검술로 적을 섬멸하는, 훈련 치고는 좀 힘든 시간이다.

　교관의 훈련에 들어가기 전에 이론 교육이 있다. 숙달된 조교가 시범을 보여 주며 만일 틀리면 무제한 원위치 하며 계속 우리 훈련병들을 겁먹게 만든다. 교관에게 "교육 준비 끝" 하며 보고를 마치니 매일 이어지는 훈련에 수고가 많다는 등 판에 박은 말을 달달달 이어 간다. 그러고는 우리에게 묻는다. "귀관들 중에 철조망 통과법이 몇 가지인지 대답할 수 있는 훈련병은?"

　내가 얼른 손을 들었다. 나는 운 나쁘게 고등학교 1학년 때의 지긋지긋한 교련 시간부터 대학까지 그놈의 제식훈련이며 학생에게 전혀 맞지 않는 억지 교육을 받아 왔기에 그런 암기 사항들이 그냥 줄줄줄 나온다. 큰 소리로 학교에서 배운 대로 "예! 철조망 통과에는 네 가지가 있겠습니다. 밑으로 통과, 위로 통과, 절단, 그리고 우회가 있겠습니다!"라고 똑 부러지게 답을 댄 것이다.

나를 한참 노려보는 듯하더니 갑자기 조교를 부른다. "조교! 저 훈련병은 오늘 훈련 열외다! 편히 쉬도록 해라!" 아니, 이게 무슨 횡잰가. 전 사병들이 훈련장으로 가기 전 나를 호명하며 나오란다. 결국 조교들 휴식처에서 그냥 빈둥빈둥 놀게 되었으니.

제일 기쁜 추억은 점심때 조교들이 남긴 밥을 내가 다 먹을 수 있었다는 것이다. 밥과 국 외에 조교 특식으로 무 쪼가리 같은 반찬도 있었다. 우리 훈련병들에겐 밥, 된장국 외엔 아무것도 없었다. 그때는 짬밥이라 불렀던 식사. 늘 배가 고파 더 먹고 싶었지만 정량 배급이라며 어디. 그런데 그날은 배불리 포식할 수 있었으니 얼마나 행운이었던가!

부대 편성이 새롭게 짜여진 후 교육 훈련이란 게 학교에서 받는 강의처럼 주입식 암기 사항이 많았다. 생물학전, 특히 원자탄이 터진 뒤 투하 지점에서 바람 방향을 살펴 방사능 낙진 피해를 벗어나는 그런 훈련이 많았는데 일단 빠른 척도로 상황 판단을 해야만 했다. 그 척도에 맞추어 다음 작전을 이어 가야 부대 피해가 없는 것이다. 그것도 주로 일본 히로시마에 던진 원자탄 위력(20KT)을 기본으로 했다.

그리고 가끔 필기시험을 쳤다. 후에 알았는데 매주 종합 1등인 자는 외박의 특전이 주어졌다. 군입대 이후 최고의 꿈은, 부대 밖으로 나가 원 없이 먹어 보고 자유롭게 다녀 보고 필요 물품 사 보고 하는 것이었다.

교육 훈련이 좀 힘들었다는 생각을 했는데 가스전 실습 외에 그런대로 다 받을 만했다. 무엇보다도 자다가 깨어 야간보초 서는 근무에서 대대장 명으로 열외를 받았으니 특전 중의 하나였고 사병들은 다 나를 부러워했다.

토요일 교육은 오전으로 끝났다. 그날 한 교육관 장교가 내무반에 오더니 나를 호명한다. 우와! 교육시험 채점 결과 내가 종합 1등자라는 발표와 함께 오후에 특별외박증을 받아 가라는 것이었다! 꿈이냐, 생시냐!

지난해 11월에 입대해 지금 4월이니 근 반년 만에 군부대 밖으로 나가는 꼴이다. 한마디로 하늘을 나는 최고 자유가 주어진 것이다. 외박증을 받고 옷도 새옷으로 갈아입고 워커도 번쩍번쩍 빛나게 닦아 부대를 나갈 때의 심정이란. 아! 누가 인생을 고苦라 했던가를 속으로 외칠 뿐이었다.

시내버스를 타고 춘천 시내에 갔다. 제일 먼저 들어간 곳이 제과점이다. 훈련병 시절, 배는 고프고 먹거리 상상에 늘 빵이었다. 딸기잼 한 개와 식빵 한 타래를 샀다. 마파람에 게 눈 감추듯 후다닥 먹고는 - 이등병 배 속은 무한대의 빈 포대자루다 - 아직 잼이 남아 빵 한 타래를 더 달라 하니, 나를 보고는 씩 웃으며 빵을 반 타래만 떼어 준다. 그것도 얼렁뚱땅 먹어 치우고는 값을 치르는데 빵 반 타래 값은 안 받는다. 200원으로!

 밖에 나오니 저쪽에 라면집이 보인다. 물어볼 것 없다. "아줌마! 라면 두 개에 달걀 두 개요!" 그리고 그 맛이란! 부대 안에서 늘 밖에 나간다면 우선 빵과 라면을 배 터지게 먹고 싶다 한 소원이 이뤄진 것이다. 룰루랄라.

 사실 내 인생에서 최고 맛있는 라면은 혹한기에 야간보초 마치고 내려와 페치카에 반합으로 끓여 먹던 라면이다. 그 맛을 누가 상상이나 할까! 지금은 부대 밖 사제私製 김치에 라면이라니!

 이젠 어디를 갈까? 시장통으로 발길을 돌렸다. 세상이 이리 아름답고 예뻤던가! 이 세상이 다 내 것이니 신이 나서 걷는다. 그렇게 가고 있는데 뒤에서 누군가 내 목 뒤 옷을 갈고리 걸듯이 잡아당긴다. 뒤돌아보니, 우악! 난 이제 죽었다! 졸지에 천당에서 지옥으로 떨어지는 꼴이다.

 하얀 백 바가지! 염라대왕이다. 헌병 둘이 나를 잡은 것이다. 그냥 큰 소리로 "충성" 하고 거수경례다. 그 당시는 헌병에게 걸리면 무조건 털리던 시절 아닌가. 그런데 하는 말이라니. "저리 꺼져, ××야! 재수 없이!" 하며 그냥 가 버린다. 이게 어찌된 거야?

 후에, 나만 나갔다 온 외박이라 부대로 돌아올 때 은하수 담배 두 갑을 사 와서 내놓으며 헌병 만난 이야기에 돈도 안 뜯기고 그냥 보내 주더라 했더니 모두가 깔깔대고 웃는다. 박장대소였다. 알고 보니 헌병이 모두 다 잡아도 이등병은 안 잡는단다. 그건 불문율로 지켜지는바 이등병을 잡으면 꼭 사고가 나는 징크스가 있다는 것이다.

첫 외박 날, 뜨뜻한 여관방 잡아 늦잠 실컷 자고 일어난 하룻밤의 꿀맛 같은 추억이란! 아, 그러나 다음 날 오후 5시까지 부대로 복귀해야 하는 운명을 지켜야 한다!

전 교육과정 훈련이 한 달 반 정도에 끝났다. 마지막 날 연병장에 모인 우리들에게 대대장의 훈화와 함께 호명된 세 사람, 표창장을 받았는데 나도 끼어 있었다.

자대에 들어가니 인사계가 좋아하며 대대장 사단장에게 보고됐다며 어쩌면 포상휴가를 받을 거라는 귀띔을 해 준다. 하긴, 전군 교육자 중에서 교육 잘 받았다는 부대장 상장을 받았으니 그럴 만도 했다. 졸지에 열흘 포상휴가 특명이 내려와 꿈 같은 휴가를 고향에서 보냈다.

이후 중대본부 작전서기병으로 남은 군 생활을 보내고 전역했다. 늘 업무가 많아 잠 못 자고 밤을 새운 날이 많았는데 3년 중 정식 휴가를 두 번밖에 못 얻었다. 그때 정식 휴가는 25일간이었다. 남들 3년에 세 번 가는 휴가를 난 차지할 수가 없었다. 그만큼 하는 일이 많았다. 군에서 하는 말 중 하나, "너 천당 갈래, 휴가 갈래?" 하면 무조건 휴가인 그 시절이라니!

1976년 10월 몸 성히 3년의 군생활을 마쳤고 또 학교에 복학하여 공부를 계속할 수 있었다.

세월은 빠르다. 그런 추억의 시간이 무려 50년 전의 일이니! 지금도 군에서 받은 훈련 중에서 폭파와 지뢰 매설·제거만큼은 장비만 주면 다 할 수 있다.

이 시대에 성직자에 대한 나의 분노

 이 세상에 고약하고 거북한 냄새, 그중 가장 역겨운 냄새는 다름 아닌 타락한 성직자들의 위선의 냄새일 거다. 역사상 종교가 태두된 이후 아마 지금까지도…. 가난 때문에 민중이 굶어 죽은 사례는 많지만 성직자가 굶어 죽은 일은 없을 것이다.
 생활고에 자살하는 사람이 생겨나는데도 신에게 봉헌한다느니 부처께 올린다느니 하는 위선 속에 신전(교회)과 절간은 계속 늘어나고 있다. 말로는 자비와 사랑을 외치면서 뻔뻔스럽게도 비단 옷자락 길게 끌며 온갖 특권에 파묻혀 구역질 나는 오물을 토해내는 이 시대의 위선과 독선인 성직자들의 탐욕에 대신 참회한다.
 사람이 산다는 것에도 조화인 균형이 있어야 한다. 살만 우량아처럼 찌고 뼛속은 텅 빈, 삶이 엉망인 자는 얼마 못 가서 썩을 것이다. 성자가 가난하게 사는 것은 가난한 사람과 같아져서 그들의 친구가 되고자 하는, 가난한 이들에 대한 자비와 사랑에서 나온 것이다. 성직자가 탐욕과 위선과 풍요라는 허깨비에 기울어져 버린 것은 늘 가난을 잊은 때문이다.

참구도자는 혼자 그렇게 살지만 '홀로의 몸'으로 산 게 아니다. 그들의 삶 자체가 사회적 운동이었고 세상을 지탱시키는 등불인 것이다. 청빈 자체가 수행이다.

네 이웃이, 그게 바로 네 몸이니 사랑한다, 아낀다, 돌본다, 뭐 어쩐다 하는 생각조차 없이 그냥, 움직여지는 대로 움직이고, 멈추어지는 대로 멈추고, 네 몸을 내 몸으로 생각하는 것이 자비와 사랑의 실천인 것이다.

이름 있는 어느 스님의 자살 이후 성대한 포장 뒤에 드는 생각은 참으로 부끄러움이었다. 개인적인 죽음을 그리 미화시키는 데에 환멸을 느꼈다. 아니, 세상이 아는데! 거기에 정치권과 결탁된 사람들이 그 앞에서 보란 듯이 또 거짓 울음이라니.

지금의 민중은 천박한 뒤치레 행사나 억지 미화의 포장에 속아 넘어가지 않는다. 민중을 속이는 것은 하늘을 속이고 절대 법 진리를 속이는 것이다. 이 열린 시대에 그런 거짓과 위선은 이상하게도 종교에서만 행하고 통하는 것으로 소위 신앙을 이용한 교묘한 사기극이다.

매스컴에 나오는 함량 미달인 성직자들의 범죄 행위들, 사흘이

멀다 하고 쏟아지는 뉴스가 착한 민중에게는 큰 허탈감을 준다. 소위 성직자라는 종교인의 그 많은 성폭력과 성추행이며 술과 도박 사건을 보라. 그런 사건이 신성해야 할 신전과 성전인 신앙의 중심지에서 벌어지고 있다니. 지금 이렇게도 열린 세상에서 그런 추한 일이 벌어지고 있다는 게 사실 아닌가.

이렇게 비리를 까발린다고 개선되겠는가. 아니다. 모두가 개인 문제인 것이다. 이 세상의 모든 종교는 다 진리다. 그런데 모든 종교 안에는 모순이 있다. 왜? 사람이 만든 도그마(DOGMA)란 우주의 법 진리가 아닌 단순히 교리 이론(Theory)인 것이다. 그 교리는 시대가 바뀌면서 또 변해 간다.

인류 역사에 최고 비극은 늘 종교전쟁이었다. 하찮은 교리를 내세워 사람을 가장 많이 죽여 온 게 종교였다. 지금도 종교전쟁에서 사람 죽이는 뉴스가 끊이지 않는다. 원한의 복수극만 준비되어 가고 있어 미래에 처참히 죽이고 터지는 시간만이 남아 있다.

그런데 전쟁은 군인이 하는데 죽어 가는 건 민중, 특히 힘없는 여성과 어린이가 대다수임을 어찌 설명할까. 인류 역사에 사람이 죽어 나가는 것을 피할 수 없는 게 전쟁·기근·역병이었다. 이 열린 첨단의 세상에서 지금도 이어진다는 게 인류의 미래인가.

지금도 보이지 않는 추악한 성직자들의 추태는 이어질 것이다. 성직자를 함부로 단시간에 공장에서 상품 찍어 내듯 수련이나 교육 기간 없이 양산하고 있는 우리나라 종교의 추한 이면이다. 민중의 의지처가 될 성직자가 짧게는 며칠, 몇 가지 형식을 마치고 버젓이 나 누구라고 하지 않는가. 더욱 가관인 것은 함량 미달의 한심한 성직자들의 정권과의 결탁이다. 나라를 위한 조찬기도회니 뭐니 하면서 민중을 속이고 하늘과 땅을 속이며 이권을 챙긴다.

　기도란, 첫째, 남이 안 보이는 데서 하는 것이다. 또 기도란, 짧게 하는 것이다. 요즘은 그저 입에 발린 행사용 기도다. 미사여구를 다 챙겨 가며 길게도 한다. 그래서 지금 나라가 이런 꼴인지. 민중은 가난과 고통 속에 힘들어 지쳐 가는데 저들은 입으로 예식과 의식으로만 임무를 다하는 것이다. 이게 바른 종교인 것인가! 종교 간판으로 뒤덮인 도시 모습이라니! 집단 이기주의의 모습일 뿐이다!

　종교가 타락하면 무수한 종파와 종단이 새로 생긴다는 것인데 이 좁은 나라에 수백 수천의 종파와 종단이 있음을 누가 부정하겠는가. 즉 사업을 향한 돈벌이 수단으로 종교를 이용하는 것이다. 이에 따라 상가처럼 많은 종교 건물을 보라. 이런 꼴이 지구촌 어디에 있는가. 성스러워야 할 신전들이 눈만 뜨면 보이는 게 과연 신을 모신다는 성전의 위용인가. 민중의 모든 사람이 신이며 부처이다. 이 세상 자체가 참신전, 참성전인 것이다.

　종교는 장삿속이라 이미 곪아 큰 시술 없이는 착하고 순한 민중만 고달파진다. 역사적으로 세상이 망해 갈 때 먼저 성직자가 타락하고 사법 교육기관의 타락으로 끝을 보아 왔는데 지금 그 말기를 보는 것 같다.

달라이 라마 어른이 법문 중 몇 차례나 반복해서 하신 말씀인데, 이 시대가 그런 꼴인 듯하다.

"그 넓은 인도 땅에 왜 불교가 사라졌을까요. 당시 인도 땅은 지금의 이란에서부터 히말라야까지 아우른 큰 땅이었지만 언젠가부터 불교가 사라졌습니다. 이유는 바로 당시 승가의 타락으로 민중이 등을 돌린 것입니다!"

한국불교는 단 몇 년 사이 불자 300만 명이 줄었다는 통계 발표에 당연한 결과가 아닐까 탄식의 아쉬움만 있다.

사람을 돕는 일이

최고의 불공

라다크 잔스카 종쿨 곰빠의 지존 나로빠 동굴. 여기에서 마지막 해탈의 성취를 이룬다.

라다크 라마유루 곰빠의
하룻밤 인연으로

　살아가며 우리는 어떤 충격적인 사건이 발생했거나 큰 경험을 한 날을 잊지 못한다.
　라마유루 곰빠는 1987년 7월 처음 참배했다. 요즘같이 택시나 버스를 타고 가는 그런 때가 아니었지만 그래도 문명권이었던 스리나가르에서 라다크로 물건 나르는 트럭을 며칠간이나 바꿔 타며 도착한 절이었다.
　정확히 1987년 7월 10일(음력 6월 15일)이었다. 그날은 지금도 잊을 수가 없는데 법당에서 희한한 체험을 하게 되었다. 성지나 큰 절에서 참배할 때 삼배를 올리는데 절을 한 번 올리고는 몸을 일으킬 수가 없었다. 법당 바닥에 이마를 대는 순간, "그래 이거다! 바로 이거야!" 하며 무한의 시간으로 되돌아가 버린바 버터와 향 내음이 밴 법당 바닥의 냄새가 온몸으로 느껴졌다.

그 옛날 무수한 전생부터 맡아 온 라다크 곰빠 법당 안의 퀴퀴한 냄새며, 출가 후 수계 첫날 꿈꾸다가 가위눌려 잠을 깼던 10년 전의 일이며, 거꾸로의 시간이 다 떠오르는 것이었다. 수계 첫날 밤, 내가 빨간 승복을 입고 있다며 스님들한테 쫓겨나던 꿈이 새롭게 새롭게, 아, 나의 전생 한때 이쪽 승려였음이 그대로 각인되었다.

그날 하룻밤 그 곰빠에서 잘 수 있었다. 영어가 통하지 않았지만 나의 서툰 몸짓을 알아들으신 한 노스님께서 자기 방을 비워 주신 거였다. 밥도 날라다 주셨다. 당시는 그 절에 다시 간다는 건 상상도 하지 못했다. 라다크 곰빠와 이렇게 진한 인연이 되며 매년 찾아가게 되는 것을 어찌 상상이나 했을까! 훗날 이 절에 갈 때마다 그 노스님에 대해 이름이든 뭐든 적어 둔 게 없어 늘 아쉬워한다.

그날은 공교롭게도 유월 보름. 보름달이 떠오르며 대지를 비추는데 이 세상 땅이 아닌 다른 세계, 달의 땅(Moon Land)으로 말과 글로는 표현할 수 없는 풍광에 잠을 이룰 수가 없었다. 꼭 38년 전, 지금 생각해도 꿈같이 아름답고 행복한 사건이었다.

이런 아름다운 하룻밤의 인연 때문이었으리라. 이후 해마다 온 라다크를 누비면서 곰빠와 학교와 마을에서 사람들을 만나며 실질적인 수행길로 이어졌으니까.

한마디로 의료봉사를 기점으로 수많은 의약품과 스님들의 자주

꿈속인 듯, 라다크의 히말라야 라마유루 곰빠.

색 승복(다람살라에서 직접 상중하 크기로 제작), 신발(수제 구두), 돋보기안경, 보청기, 우리나라의 접이식 노란 지팡이, 학용품, 빨간 양말과 빨간 런이며 심지어 손톱깎이, 헌 손목시계까지 문명의 이기 물이 되는 건 다 나른다. 요즘엔 태양열로 쓸 수 있는 전기장판을 보급하는데 긴긴 겨울에 매우 요긴한 물건이다.

아직도 그쪽엔 전기가 없다. 이 열린 세상에 전기가 없으니 무얼 한단 말인가. 다행히도 태양열 패널을 정부에서 보급해 줘서 백열등을 켤 수 있고 간혹 영리한 집에서는 위성 안테나를 설치하여 텔레비전까지도 볼 수 있다. 이 태양열 패널을 3년간 테스트하며 전기장판으로 쓸 수 있음을 발견하여 인도 땅에 전기장판 공장이 세워지기도 했다. 이후 매년 전기장판을 1,000장 이상 구입해서 고산지대부터 보급하고 있다.

히말라야에 고산지대가 어디 라다크뿐인가. 이쪽 히마찰프라데시 주에도 라홀, 스피티, 키노르 산간 지역은 유달리 매서운 겨울 추위가 있는 곳이다. 또 지난해에는 인도 최동북단 지역으로 멀리 3,000킬로미터나 떨어진 아루나찰프라데시 주에도 전기장판을 보급하기 시작했다. 거기는 중국 국경과 맞닿은 군사지역으로 국경분쟁이 빈번한 고산지대인데 그곳 스님이나 주민들이 세상에 이런 희한한 물건이 있었단 말인가 하며 신통해했다.

방한 시설이 없는 산중에 겨울의 따뜻함이란 참으로 필요하다. 특히 나이 드신 노인들의 무릎 통증에 그야말로 효상좌 노릇을 한다. 어느 절에 들어가도 노스님들의 말씀이란 "꼬레아 겔롱라! 록댄 디 뿨모라 뻬 펜기둑! 도체체!(한국 비구스님! 이 전기장판이 무릎에 아주 도움이 되어요! 정말 고마워요!)"이다. 엄동설한에 이 따뜻한 전기장판이 얼마나 유익한지를 늘 칭찬하신다. 보람이다. 다행히도 그곳은 전기가 24시간 공급된다.

  희한하게도 나의 수행길이 라다크 지방에서 종교적 체험으로 시작되었으니 나의 숙명으로 받아들이며 이 일을 계속해 나갈 거다. 본격적으로 그곳을 찾아다니며 봉사의 일을 시작한 게 1999년이니 벌써 26년이 되었다.

  처음엔 헌 옷가지를 날랐는데 이젠 별의별 생필품을 다 나르며 그곳 승가와 민중에게 혼신을 다한 배려를 이어 간다. 한창때는 한 해에 두세 번 드나들며 봉사해 왔는데 최근엔 내 나이도 있어 한 해 한 번으로 만족한다.

  이러한 봉사활동이 알려지며 전혀 모르는 분들의 도움이 많아지고 타 종교의 신도들도 성금을 보내온다. 특별히 한 신부님과 목사님은 매년 성금을 보내 주시며 "적어서 송구하다."는 말씀을 하시는데 이런 순수 활동에 어디 양의 적고 많음이겠는가. 인간적인 배려로 지극한 감사의 말씀을 올린다.

  어떤 때는 다른 종교의 성직자들과 함께 길고 긴 봉사활동을 하기도 했다. 한번 들어가면 거의 한 달 걸린다. 여름에 한해서 방문하는데 겨울은 눈으로 길이 막히기 때문이다. 그러나 겨울은 겨울

절의 최연장자 아기가 된 메메 체링(90세) 노스님과
짝꿍 푄촉 도제(87세) 노스님(2024년).

메메 체링 노스님의 희한한 뻐드렁니.

대로 일이 있다. 여름 동안 다니면서 수술이나 장기간 치료가 필요한 분들을 다람살라의 내 곁에 오시도록 하여 눈 시술이며 곳곳의 병원 진료에 도움을 드린다.

요 근래 한 가지 늘어난 일이라면, 노스님들의 틀니를 해 드리는 것이다. 내 사는 곳의 사정상 틀니는 거의 두 달 걸린다. 다행히 먹고 잘 수 있는 곳까지 준비해서 누구나 도움 드릴 수 있음에 큰 자부심과 보람을 가진다. 해마다 틀니 하기를 원하는 스님들 숫자가 늘어나는데, 틀니 하신 스님들이 돌아가셔서 자랑과 함께 소문을 내어 안면이 전혀 없는 분들이 오시기도 한다.

차별 없이 누구라도 흔연히 모신다. 아니, 환영할 뿐이다. 그들은 이런 문명권의 의술이나 치아 맞춤은 상상도 못하니까. 더불어 나오신 분들의 일이 끝나면 힘닿는 대로 성지권이나 가까운 이웃 나라로 순례를 시켜 드린다.

3년 전에는 맘먹고 아홉 분의 스님(팔십대 네 분, 칠십대 세 분, 오십대 두 분)에게 불교 성지권, 곧 부탄, 시킴, 네팔까지 44박 45일이라는 놀라운 순례 관광을 시켜 드렸다. 겨울이면 차량을 전세 내고 손수 끼니도 만들어 먹으면서 세월아 네월아 하는 라다크 지방 불자 및 히마찰 불자분들의 여행팀과 함께한 것이다. 노스님들이 긴 여행에 몸살 날 거라는 건 기우였다. 돌아오신 뒤 더욱 힘 나서 좋아하시니 큰 축복이자 기쁨이 되었다.

올겨울에는 이 스님들과 함께 스리랑카 불교유적 순례를 준비한다. 다행히 아는 스리랑카 스님이 콜롬보에 계시니 그 절 신세를 질 것이며, 차를 한 대 빌려서 불치사며 그 나라 문화 3대 유적을 둘러본다는 구상이다. 인도 남부 첸나이(구 마드라스)에서 스리랑카는 한 시간 남짓 거리며 열흘 정도면 충분하리라 본다.

나도 참 이상한 사람이다. 누구도 가기 어려운 그런 불교 유적지를 우리나라 사람도 아닌 라다크와 티베트 스님들을 모시고 다닌다는 게 어디 쉬운 일인가. 돌이켜보니 2005년 라다크 노스님 다섯 분과 함께 중국 티베트를 두 달간 주유했고, 2007년 라다크와 티베트 스님 여섯 분과 우리나라를 한 달 반 순례했고, 2016년 라다크와 티베트 스님 및 재가자 일곱 명과 함께 스리랑카를 보름 동안 순례했고, 2018년 티베트의 극노스님 두 분을 모시고 한국을 방문했고, 2019년 라다크 스님 다섯 분과 태국·말레이시아를 보름 동안 방문했고, 2023년 티베트와 라다크 스님 다섯 분과 함께 태국·라오스·캄보디아 3개국을 3주가 넘는 일정으로 관광 순례했다.

장춥 노스님

 장춥 노스님을 생각하면 저절로 토끼 눈이 된다. 나 사는 다람살라 한참 위쪽, 숲이 유난히 우거진 곳에 티베트 스님들이 사시는데 거의 움막을 지어 놓고 정진해 간다. 우리나라에서는 토굴이라 한다.
 움막 안을 보면 허술한 침상에 담요 한 장, 경전 몇 권. 정말 가진 것 없이 비구로서 최소한의 물건들만 갖춰 놓고 살아간다. 티베트에서 인도로 망명 온 후 이런 식으로라도 명상 수행을 이어 가는 것이다.
 숲이 우거져 보기에도 딱 그만이다. 단, 일 년 중 우기 석 달은 운무와 빗속에서 지내기가 보통 고역이 아니다. 처음엔 전기도 없이 원시생활에 가까웠는데 미국의 한 독지가 불자가 비용을 대어 아랫마을에서 전기를 이어 와 움막마다 전기 혜택을 본다. 나도 가끔 순수한 보시금이 생기거나 그곳을 다녀온 스님이나 불자들이 공양금을 보내오면 토굴 스님들에 한해 평등공양을 하곤 했다.

그중 제일 연로하신 노스님께는 나 개인적으로 과일이나 비스킷 정도를 챙겨서 방문하곤 했다. 장춥 노스님. 마지막 찾아간 게 한창 겨울인 추운 날이었다. 지대가 높아 눈이 쌓여 있던 날이다.

으레 노스님을 뵈러 가면 그때마다 그 좁은 방에서 짜이를 끓이신다며 부산을 떨었다. 당시는 실린더 가스를 쓰던 때가 아니어서 석유 버너를 사용하여 불을 일으켰다. 그을음이 나고 보통 번거로운 작업이 아니다.

그런데 그날은 부엌의 물이 다 떨어져 짜이고 뭐고 아무것도 할 수가 없었다. 아랫마을 근처까지 내려가 물을 길어와야 하는 것이었다. 오늘은 짜이를 안 마셔도 된다며 그냥 가겠다고 하니 절대 안 된단다.

노스님이 손수 작은 물통을 챙겨 나가신다. 이후 한참 만에 올라오셨는데 안색이 영 안 좋고 승복이 물에 많이 젖어 있었다. 올라오다가 미끄러져 넘어지신 것이었다. 참, 할 말이 없었다. 어찌어찌 억지 짜이를 한 잔 마시고 난 내 집으로 내려왔다.

며칠 후 안타까운 전갈이 왔는데, 돌아가셨다는 것이다. 눈길 비탈에 넘어진 게 탈이 나 안으로 큰 손상이 있었는지 그 길로 세상을 떠나신 것이다. 아침 늦게까지 기척이 없어 건너편 토굴 스님이 들어가 보니 주무시는 듯 죽어 계셨다고 얘기해 주었다. 마음속으로 얼마나 상심했는지. 내가 안 갔더라면 오래 더 사실 노스님인데 하면서 맘고생을 길게 했다.

하여, 이참에 이곳 토굴 스님들과 물 문제를 해결하기로 작정하고 젊은 스님 몇 분과 얘기를 나눴다. 이후 수도공사를 하기로 했는데 문제가 많고 문제가 컸다. 우선 허가서를 얻어야만 했고, 아랫동네에서 물을 끌어오자니 모터를 돌려 물을 올려야 했다. 그러기 위해서 위쪽에 큰 물탱크 만드는 작업부터 했다. 결국 수도 작업이 완성되었고 큰 칭찬과 함께 그곳 토굴 스님들께서 만든 점심 공양을 함께했다.

이젠 물 길으러 오르내릴 일이 없게 되었다. 빨래까지도 그 자리에서 할 수 있는 편리함! 이후 달라이 라마 왕궁에서 알게 되어 화장실과 목욕탕을 지어 주며 스님들의 숙원사업까지 이루게 되었다.

그 뒤로 좀 작은 단체인 다른 곳의 수행처 쎄촉링 닝빠 지역에서도 수돗물 도움 부탁이 들어와서 그곳도 수도 작업을 해 드렸다. 다른 사람의 삶이나 수행길에 도움을 드리는 게 얼마나 뿌듯한 일인가! 나는 사람을 돕는 일이 최고의 불공이라고 법문 시간에 늘 반복하여 말한다.

27년 전 사진이다.
숲속 아늑하고 조용한 곳의 적정처(토굴) 스님들과 함께.
그 높은 데까지 수돗물이 나오도록 수도공사를 하고
하루 날 잡아 점심 공양을 했다.

숲속 수도공사 이후 다른 곳 스님들이
"우리도 물 안 나와 길어서 먹는다."고 하소연하여
쎄촉링 닝빠 지역에도 수도공사를 해 드렸다.
그동안의 세월에 반절 이상의 스님들이 안 보인다.

링세 곰빠의 보배
체링 왕뒤 스님

링세 곰빠. 이 절은 참 묘한 자리에 있다. 정말 정말 오지 절이다. 그 험한 산악이지만 유목민과 밭농사를 일구며 살아가는 여섯 마을의 민중과 긴긴 세월을 함께해 오고 있다.

처음 방문한 때는 1992년. 내 사는 이곳 다람살라에서 그 높은 고개 여섯 개를 넘고 넘어, 근 한 달 만에 도착한 절이었다. 말이 4,000~5,000미터 설산 고개지, 하나만 넘으려 해도 생땀을 흘려야 하는 그런 고개다. 그런 곳에 곰빠가 있으리라곤 상상도 못해 본, 희한한 곳에 자리한 곰빠였다.

비탈진 바위산 위에 제비집처럼 용케도 터를 잡았다. 살고 있는 스님들이 좀 많았는데 그중 어린 사미승이 꽤 많았다. 이런 척박한 곳에서 어찌 뭘 먹고 사는지 의아했다. 또 승복이란 게 공장에서 나온 천이 아니고 양털 야크털에 물들여 짠 가내수공업의 천으로 된 옷을 입고 있는 게 그리 안쓰럽게 보였다.

그날 하룻밤의 여러 상념. 그러나 밤하늘의 그 많은 별들을 어찌 표현할 수가! 이런 이유로 훗날 이 절을 많이도 오가는 긴 인연이 되었다. 지금이야 찻길이 나서 쉽게 하루면 들어가지만 예전엔 최소 사흘을 걸으며 힘든 고개를 넘어야만 했다. 노천에서 밥해 먹어가며 사흘 밤을 새웠다.

제일 처음 나른 것은 승복이었다. 여기 다람살라에서 직접 만든 것이다. 가죽 수제 구두도 크기별로 여기서 죄다 만들었다. 문제는 찻길 끝나는 데서부터 말과 나귀로 이 많은 짐을 나르는 일이다.

세 개의 고개지만 쌩게라 고개(사자 고개의 뜻)를 넘나드는 건 지금도 잊을 수가 없다. 5,000미터가 넘는 최고의 고갯길을 넘어야만 링세 곰빠에 이른다. 이곳에서 카슈미르 스리나가르, 카길, 라마유루를 거쳐 마중 나오는 완라 곰빠 마을 길목까지 나흘을 달려야만 한다.

문제는 악명 높은 카슈미르 경찰, 정말 짜증스러운 나쁜 경찰관과의 실랑이다. 그곳은 파키스탄과의 국경지대라서 실려 있는 모든 물건을 검사한다. 물론 적들이 쓸 폭약이나 실탄이 아니라는 것을 알지만 일부러 돈 뜯으려고 이런 물건에 대해 생트집을 잡는 것이다.

어디로 가져가느냐, 왜 이런 걸 나르느냐, 팔려는 거라면 명세서

5,000미터 넘는 고개 둘을 넘어야 들어가는 링세 곰빠 가는 길이다.
지금은 어설프지만 지프차로 가능한 길이 만들어졌다.

나 물품반입허가서 등을 보여 달라는 등 별별 것들을 요구하여 우리 차 운전기사가 협상하느라 고생 많았다. 돈을 안 주면 차량 통과를 안 시켜 주니 어쩔 수 없이 생돈 뜯겨 가며 운반하였다.(우리나라도 예전에 힘(빽) 없는 차량 잡아놓고 생트집 잡아 돈 뜯어 가던 그런 시절이 있었다.)

이제는 다른 길이 생겨 그 길로는 안 다니니 문제 없이 쉽고 빠르게 드나든다. 인도 정부에서 파키스탄과 중국과의 만일을 대비한 군사작전도로를 링세 곰빠까지 개통했기 때문이다. 그 덕을 얼마나 보고 있는가! 예전에 일주일 걸리던 시간이 이틀거리로 줄었으니까.

25~30년 전의 링세 곰빠와 비교하면, 우선 그 많던 노스님들이 보이지 않는다. 사미승들도 수가 많이 줄었다. 이유를 들어 보니 이해가 간다. 철들 나이가 되면 군인으로 지원을 한단다. 인도 국방부에서 배려하는 조건이 매우 좋기도 하다. 우선 고산지대 출신 군인은 특별한 조건으로 채용하며 좋은 보직을 준다는 것이다.

사실 인도 군인들의 단점이라는 게, 평지 출신들이 제일 겁내는 고소 증세다. 외국 관광객들도 라다크에 발 딛자마자 겪는 증세가 고산지역에서의 호흡 문제다. 라다크 수도 레(Leh)의 공항이 3,500미터 높이에 있으니 상상이 간다.

인도 사람도 똑같다. 아니, 고소 증세엔 오히려 더욱 약한 편이다. 1960년대 라다크 북부에서 벌어진 중국-인도 전쟁 시 인도 군인들이 제대로 총 한 발 못 쏘고 다 인질로 잡힌 게 바로 이 고산증세에 대한 사전 훈련이 없었기 때문이다. 그래서 인도 국방부가 현지인을 군인으로 근무시키는 특별채용에 라다크 젊은이들이 자원입대하며 자기 인생길을 택한다는 것이다.

그래도 인생이 뭔가 알아차리며 승가에 귀의하여 일생을 수행하는 스님들이 많다. 단조로운 삶이기도 하며 먹거리 또한 참으로 제한되어 있다. 그 고산지대에 보리와 밀, 감자 정도이니 알 만하다. 그래서 그곳 방문길에는 인도의 좋은 쌀부터 챙겨 간다. 도로가 개통되면서부터 이런 배려가 가능해졌다. 옛날 며칠 걸려서 말과 나귀로 물건을 운반할 땐 이런 먹거리를 어디 상상이나 할 수 있었던가!

내게는 이 절에 참보배가 있다. 값나가는 금부처나 오래되고 귀한 탱화나 벽화가 아닌, 이런 보배는 어쩌면 이 지구상에 하나뿐일 거라 확신한다. 우리 석가여래 이후 최초이자 어쩌면 마지막이 될 법한 노스님이 계시는 것이다. 체링 왕뒤 노스님.

여든 살이다. 절 아랫마을에서 태어나 일반적인 가정생활을 하던 중 부인이 일찍 세상을 뜨자 절로 들어와 지금까지 이 한 절에서 지내는, 그저 평범한 스님일 뿐이다. 하지만 본인이 느끼기에, 자기는 늦깎이로 출가했으므로 누구보다도 부지런한 수행자로 살아가야 함을 알아 죽기 전까지 수행으로 경전을 부지런히 읽기로 다짐했다.

링세 곰빠의 보배 체링 왕뒤 노스님.

내 눈으로 볼 때는 이 세상 어느 불적이나 불교 성지, 사원, 불상, 탑보다도 숭고해 보인다. 왜? 이 스님은 재가자로 있을 때부터 시간 나면 경전을 읽어 왔다. 이후 절에 들어와 늦게 비구가 된 뒤부터는, 그야말로 밥 먹는 시간 외 잠도 적게 자며 경전 읽기에 혼신을 다했다. 이 생에 부처님 말씀과 조사스님들이 지어 놓은 논소를 다 읽고 몸 버리리라는 서원을 세운 것이다.

티베트 경장은 우리 팔만대장경보다 많다. 대장경 중 불설에 의거한 경은 우리와 거의 같다. 이것을 '깐규르'(100부)라고 한다. 조사스님들이 지은 논과 소는 우리 장경보다 월등히 많다. 주로 인도 고승과 티베트 어른스님들의 논소이다. 이것을 '땐규르'(250부)라고 한다.

경전을 읽다 보니 60세 전에 완독을 하게 되었다. 그래서 죽기 전까지 한 번 더 읽어야지 하고는 읽다 보니 몇 년 전에 또 팔만사천 대장경을 다 읽어 버린 것이다.

티베트말로 팔만대장경 전체를 '계티시똥 쌍계쑹'이라고 한다. 우리가 흔히들 좋아하는 경전을 몇 번씩은 읽을 수 있지만 팔만대장경 전체를 다 읽는다는 것은 정말 놀랍고 놀라운 일이다. 테라바다 전통불교의 스님들 중에도 경전을 다 읽었다는 스님이나 재가자가 있다는 말은 듣지 못했다. 신심 제일의 티베트 불자들 중에도 경론소(깐규르와 땐규르)를 다 읽은 사람은 아직 들어보지 못했다. 우리나라에서도 팔만대장경을 다 읽어 마친 사람은 들어

보지 못했다.

팔만대장경을 다 읽어 마친 비구, 그것도 두 번이나 읽은 비구스님으로서 외형적으로 어떤 큰 불사, 큰 절, 큰 불상을 조성한 것보다 자기가 이룬 내면의 참불사로 믿는다. 이 인연으로 내생뿐만 아닌 세세생생 경안을 갖춘 비구로 자기 수행을 이뤄 갈 것으로 믿기 때문이다.

여기에 덧붙이는 이야기 하나.

링세 곰빠가 관할하지는 않지만 좀 멀리 떨어진 마을이 있다. 무려 해발 4,100미터 높이에 자리하는 폭톡사라는 유목민 마을인데 가구 수가 44가구로 외진 산중 치고는 제법 큰 마을이다. 나와 무슨 인연이 되어 이 외진 마을에 신전, 즉 불당을 지어 삼존불을 모시고 경전을 다 모시도록 한 것이다. 물론 신전만큼은 마을 주민들의 손수 노력으로 짓도록 했고, 경제력이 없으니 불상과 팔만사천대장경 모시는 일에 내가 책임 일꾼으로 참여할 수 있었다.

좀 덩치가 커서 근 3년이 걸렸으며, 마지막 경전을 다 모시고 비구스님들의 축성식에 바로 이 체링 왕뒤 스님을 중심으로 예식을 마쳤다는 소식을 들었다. 신전의 불상은 보편적인 라다크 주민들의 신앙과 맞닿는 주불로 석가모니 불상, 좌우 협시보살로는 관세음보살과 구루 린포체(파드마삼바바: 연화생 존자)를 모시도록 했다.

이젠 사람이 죽어 나가거나 마을에 애경사 등이 있을 때 이 신전

앞에서 치르게 되었다. 또 집집마다 돌아가며 매일 전통 버터불을 불당에 올리고 꼬라 행사까지 신전을 돌 수 있게 되었으니 마을 주민들에게는 절은 아니지만 이 신전이 삶의 중심점이 되었다.

여기서 이름 없이 불상과 경전 모시는 일에 도움 주신 많은 분들에게 감사의 말씀을 드린다. 그리고 이런 일이야말로 사람을 위하고 민중을 위한 참불사요 불공임을 밝힌다.

바나나 이야기

 지금이야 열린 세상이라서 바나나를 모르거나 안 먹어 본 사람이 없을 것이다. 나에게 바나나에 얽힌 이야기이다.
 바나나를 책에서만 보다가 중학생 때 본 사진 한 장. 월남전에 간 동네 아저씨의 흑백 사진 - 커다란 바나나 줄기를 통째로 안고 있는 사진이었다. 그때는 철이 없어 그저 그 사진이 부러웠고 난 언제 바나나를 먹어 볼까 하는 생각뿐이었다.
 고등학교는 내가 살던 지방의 제일 큰 도시에 있어서, 도시로 나가 하숙생으로 다닐 때였다. 한 방에 셋이 살아가면서 다달이 쌀 여섯 말을 내고 하숙을 했다. 매달 고향에서 쌀 여섯 말이 보내졌고 그냥 좀 철없는 학창 시절일 뿐이었다.
 한번은 중앙시장에 갔는데 리어카에 쌓아 놓은 노란 바나나가 어찌 그리도 예쁘고 먹음직스러운지! 그날 밤 옆 친구에게 "야! 너 바나나 먹어 봤어?"라고 물었다. 둘 다 먹어 보지 못했지만 선뜻 그걸 사서 먹어 보자는 말을 못했다.

학창 시절, 보약처럼 먹은 게 처음 나온 라면이었다. 그 끓는 국물의 향기라니. 중학교 2학년 때 아파 누웠다가 읍내에 나가 나만을 위한 라면을 한 개 약으로 사 와서 끓여 먹은 게 지금까지도 얼마나 멋진 추억인가! 7원을 주고 사 왔다. 라면을 먹은 뒤 학교에 가서 바로 옆자리 친구에게 "너 라면 먹어 봤냐?"라며 자랑하던 시절. 지금은 하찮아진, 그 당시 동전의 가치란.

고등학생 시절엔 하숙생끼리 의기투합해서 라면을 사 와 이성을 잃고 먹던 아슴아슴한 추억이 있다. 9원 하다가 11원으로 값이 올랐을 때 '인제 라면 안 먹어.'라고 굳게 결심하기도. 그리 돈이 귀하던 시절에 바나나를 사 먹다니, 어림없는 생각이기도 했다.

그러다가 일요일, "야! 우리도 바나나 한번 사 먹어 보자!"는 그냥 해 본 말에 드디어 셋이 중앙시장에 갔다. 며칠 전 그 아저씨가 그 자리에서 바나나 몇 개를 소중하게 챙겨 놓고 있었다. "아저씨, 저거 한 개 얼마예요?" "100원이란다."

셋이서 서로 얼굴만 보다가 그래도 기 안 죽고 돈을 추스르니 어찌어찌 100원이 되었다. 큰 걸로 골라 볼 여지도 없이 한 개를 떼어 준다. 하숙방에 가서 일단 자를 꺼내어 길이가 똑같도록 정성껏 면도칼로 삼등분을 했다. 껍질을 벗기고 속살을 처음 먹던 그 맛. 와!

정말 놀랍게 향기롭고 부드러운 그 맛이라니! 자그만 바나나다 보니 금방 먹을 수밖에. 그러다가 껍질을 살살 갉아먹어 보니 그 맛도 보통이 아니었다. 서로 눈치를 보다가 아예 노란 껍질까지 죄다 씹어 먹어 버렸으니!

1980년대가 되니 시장 곳곳에서 바나나를 보게 되었다. 절집 제사에도 바나나가 통째로 놓이게 되었다. 이젠 정식 수입과일 품목으로 어디서나 흔한 게 바나나다.

시절 인연일까. 인도 북쪽 티베트 망명정부가 자리한 다람살라 한자리에서 40년 가까이 살아간다. 그 당시 바나나가 흔해서 1루피에 두 개를 주었다. 이젠 농산물 가격도 비싸지면서 한 다스에 80루피나 하니 서민들이 쉽게 사 먹을 수 없는 과일이 되었다. 사실 서민 과일로 영양가 높고 부담 없던, 아니 흔해 빠진 과일이 이제는 한번 생각해 보고 사는 과일이 되어 버렸다.

한번은 뻬마 스님과 자로리 패스(3,220미터)를 차로 넘다가 풍광에 반해, 차를 길가에 세우고 구경을 했다. 인도의 내 사는 고장에서 3,000미터급 고개는 고개 축에도 못 든다. 너무 높지 않은 그런 고개일 뿐이다. 영국 통치 때 만들어진 고개로 그쪽 주민들에게는 참 편리를 주는 길이다.

고개 정상에서 반자르(Banjar) 계곡 북쪽으로 보이는 피르 판잘(Pir Panjal) 산맥의 만년설 경관은 가관이다. 또 반대편 남쪽 심라

계곡에 펼쳐지는, 수없는 겹겹의 산 능선과 숲도 어찌 그리 아름답고 편안함을 주는지. 풍광에 매료되어 세월 좋게 바라보는 느긋함이라니.

그때 산모퉁이 저쪽에서 연기가 모락모락 피어오른다. 그쪽으로 가 보니 마을의 두 할아버지가 모닥불을 피워 놓고 그냥 세월을 보내는 모습이다. 그 순간의 아름다움이라니. 이 시대에는 없어진 모닥불과 산중의 고요함, 그리고 두 노인의 순수한 표정에 그대로 감동일 뿐이었다.

옷도 히마찰프라데시 주의 산골짝 양털로 짠 수제품으로 거기에 그리 구색이 맞는 모습이다. 모자도 오래 지나 빛바랜 히마찰 꿀루 캡이다. 얼른 사진을 한 장 찍고 얘기를 해 보니 영어는 모르고, 뻬마랑 힌디어로 말을 나눈다.

이 고개 바로 아래 반자르 마을에서 2킬로미터 정도의 위쪽 마을에 살며, 둘은 친척 간이고, 일이 있어 거기에 올라온 것이었다. 마을 이름을 물으니 당신 아들 전화번호도 함께 알려 준다. 훗날 꼭 한 번은 그 동네를 찾아가 보자는 심산이었다.

당시, 고향이 키노르 산골인 뻬마 스님도 그쪽을 매년 넘어가는 인연이라는 게, 고개 넘으면 키노르 계곡에 곰빠가 있는데 며칠 봉사활동을 해야 한다. 의약품은 물론 별별 문명의 이기물을 다 나른다. 특히 겨울 전에 찾아가는데 비구니스님 절에 먹거리와 한국에서 쓰다 버린 털점퍼를 많이 나른다. 멀쩡한 옷들이 인도 땅에서는

할아버지의 마을에서 오른쪽으로 펼쳐지는 피르 판잘 산맥군.

귀하게 사용되는데 약간의 손질을 하면 겨울의 냉기를 막아 주는 고마운 의복이 되기 때문이다.

  그 옷들은 주로 큰 읍이나 도시에서만 구입된다. 키노르 산골에서는 구할 수가 없는 물건들이기 때문이다. 크기별로 몽땅 챙겨 가지만 늘 부족하여 내년을 약속한다. 그 길 가면서는 꼭 들러 가며 늦가을 정서를 만끽하는데 바로 키노르 카일라스(6,050미터) 성산을 마주하는 맛이 대단하다.

  게다가 맞은편 칼파 산동네에서 하루 묵는 맛이라니! 이른 아침 일출의 힘찬 햇살, 또 해 질 녘 설산에 그려지는 실루엣은 한 번은 꼭 볼 가치가 있다. 장엄하며 맑음을 표현하기가 그렇다.

  그리고 꼭 묵어 가는 집이 있고, 주인 할머니의 따뜻한 환대가 그리 고맙다. 무릎 아픈 데 요긴한 영양제와 몇 가지 챙겨 가는 선물이 있다. 이분들을 보는 것도 큰 행복이다. 할아버지는 티베트 망명객으로 몇 해 전에 돌아가셨다.

  내가 올 때를 기다려 챙겨 두는 키노르 사과 맛이 또 별미다. 자그마한 게, 어렸을 적 제삿날에나 먹어 본 능금 크기로 그 마을의 특산물이기도 하다. 올해 딱 팔십인 칼파 마을 할머니, 지극한 정성으로 나를 맞아 주신다.

  바나나 얘기를 하다가 너무 옆길로 샜다.

  드디어 뻬마와 함께 키노르 산골을 들어가기 전에 모닥불 피워 놓고 불 쪼이던 두 할아버지의 마을을 찾아가기로 했다. 그리 멀지

자로리 패스 넘기 전 알게 된 할아버지 동네.
바나나의 인연이 꽤 오랫동안 이어졌다.

않아서 바나나 한 다스와 비스킷 몇 개를 챙겨 갔는데, 이럴 수가! 대가족이 나와 우리를 맞이하는데 식구가 그리 많은지 모르고 허술하게 갔으니!

바나나를 보자 아이들부터 주르르 모인다. 한 다스로는 어림도 없다. 한데 바나나 껍질을 벗기더니 엄지손톱으로 쪼개며 한 입씩 넣어 주는 게 아닌가! 바나나 한 개를 대여섯 조각으로 나누어 입에 넣어 주는 모습에, 그 옛날 고등학교 하숙생 시절 바나나 한 개 사서 자로 재어 삼등분하여 나눠 먹던 추억이 아스라이 떠올랐다. 할아버지가 뭐라 하니 할머니가 와서 남은 바나나를 옮겨 간다. 아마 내일이나 모레 또 이 아이들에게 나눠 주겠지.

이후 그 길 오갈 때 미리 손전화해서 아래 반자르 마을로 나오시라 하여 바나나 대여섯 다스와 양고기 몇 킬로그램을 꼭 사서 드렸다. 그것도 몇 해 못 가서 끝나게 되었는데 좀 이른 연세에 할아버지 할머니가 다 돌아가신 것이다. 요즘도 그 동네 아랫길을 지날 때면 '아, 두 할아버지가 더 계셨더라면!' 하는 아쉬움으로 지나곤 한다.

키노르 카일라스 성산을 마주하고 내려올 땐 또 내년을 다짐한다. 올해는 스피티 계곡을 들어가 나오는 길에 키노르 계곡을 들를 수가 없었는데 산사태로 길이 두 번이나 망가졌기 때문이다. 스피티 계곡에는 더 많은 곰빠와 스님들이 계신다. 해마다 하는 일을 다 마칠 수 있었지만 키노르 계곡의 곰빠들은 내년으로 미룰 수밖에 없게 되었다.

스피티 계곡은 지대가 높아 겨울 추위가 혹독하다. 해발 3,300미터 이상 마을에는 무조건 공급하는 게 전기장판이다. 3년 전까지 곰빠 위주의 승가에 전기장판 공급을 다 마쳤다. 맘을 더 내어 이젠 가가호호 마을 주민에게까지 전기장판을 배려하기로 했다. 지난해에 이어 올해도 1,200장을 골짜기 마을 우선으로 돌렸다. 내년에도 1,000장 이상이 필요할 거다.

나는 운명적으로 라다크 지방 봉사활동이 그리 고맙다. 많은 곰빠와 스님들을 매년 방문하며 인간적인 관계를 유지한다. 절에 갈 때마다 제1순위 먹거리는 바나나다. 요즘은 도로가 닦여 시내의 과일들이 산골짜기 마을까지 들어간다. 사미승들에게 쥐여 주는 바나나 한 개로 좋아하는 그들의 환한 얼굴을 보는 게 그리 흐뭇하다. 거기다 이젠 스틱볼 사탕도 챙겨 간다!

팔십 넘은 라다크 노스님들이 일생 처음 보는 바다

 라다크 지방의 주민이나 스님들은 정말 바다를 상상만 할 뿐 실제 가 볼 기회가 없다. 위치가 너무 내륙 안쪽에 자리하고 있기 때문이다. 물론 작지만 흐르는 강줄기가 있고 꿈같이 아름다운 파란 호수도 있다. 그분들이 바다를 보러 간다는 것은 그리 쉽지 않다. 불교 성지가 있는 지역도 바다와는 먼 곳이다. 바다에 한 번 가 보는 게 늘 꿈이요 희망이다.
 좀 오래된 일이지만 꿈을 이뤄 드리겠다는 뜻으로 이왕이면 먼 곳의 바다를 보여 드리겠다고 약속을 했다. 인도는 겨울 여행이 편하다. 우선 무서운 더위가 없고 겨울이라야 먼 여행을 하기가 수월하기에, 올겨울에 바다 보러 간다는 것을 무려 6개월 전에 선전포고를 한 것이다.

12월에 갈 여행을 6월에 미리 약속을 했다. 이유가 있다. 오지 산간에서 태어나 일생 그 자리 곰빠에서만 뱅뱅 돌며 살아가는 스님들에게, 몇 달 후면 바다 보러 간다는 희망은 큰 영양제가 되기 때문이다. 먹는 것도 짬빠(볶은 보릿가루)와 밀가루로 만든 음식 외에 변화가 없는 게 그 지역의 어쩔 수 없는 환경이다.

  쌀밥은 언감생심. 어쩌다 축일祝日 때나 장 봐서 한 번씩 먹을 수 있다. 지금은 도로가 나서 그것이 가능한데 길 나기 전에는 벼르고 벼르다가 설날 아침에 한 번 쌀밥을 먹었다고 한다.

  그래서 그쪽 사정을 잘 알기에 이번 겨울에 많은 식구 거느리고 이왕 가는 거 먼 바다를 보여 드리기로 했다. 인도 남부 첸나이(구 마드라스)로 탄젠트를 잡았다. 인도 대륙이 크기 때문에 미리 기차표 등 정확한 날을 잡아 얼추 준비를 마쳤다. 따라가겠다는 노스님들이 의외로 많이 내 사는 다람살라로 왔다. 여섯 분이다. 한 명 빼고 모두 팔십이 넘었다.

  이제 출발이다. 먼저 델리로 내려간다. 멀미하는 노스님들은 아예 저녁을 못 드시게 하고 준비한 우리나라 멀미약을 차 타기 전에 드시도록 한다. 장거리는 늘 밤 버스다. 졸다가 어쩌다 보면 이른 아침 델리의 티베트 난민촌 마주누카틸라에 도착한다.

  여기서 숨 좀 돌리고, 아침 챙겨 먹고, 뉴델리역 기차 시간에 맞추기 위해 낮 시간엔 좀 허접한 호텔에서 쉬도록 한다. 숙박비는 하룻밤 자거나 말거나 하루 비용을 받아 간다. 점심은 꽤 걸게, 다람살라에 없는 중국식 요리다. 참 맛나게 드신다. 오후 5시경, 기차가 남인도로 간다. 노스님들은 아주 신나 하신다. 지루하거나 힘들어 하는 모습이 전혀 없다. 그저 신이 나신다.

인도식 고급 기차칸은 냉방 침대 이등칸(A.C. Second Class)이면 아주 훌륭한 좌석이다. 밤에는 그대로 이층 폭신한 침대가 되며 담요와 하얀 침대 시트, 베개, 물 등이 서비스된다. 물론 서민 칸은 따로 있다. 그 더위에도 냉방이 없고 자는 자리도 딱딱한 나무침대 삼층으로 되어 있어 아주 불편하다. 당연히 가격 차이가 심하다. 식사는 때가 되면 예약을 미리 받아 식당칸에서 날라 오는데 그런대로 먹을 만하다.(요즘은 기차 요금에 음식 가격이 다 포함되며 끼니때가 되면 똑같은 음식으로 승객 모두에게 서비스된다.)

이튿날 저녁 시간쯤 마드라스에 도착, 40시간의 기차 이동을 마친다. 저녁이라 미리 예약한 호텔에 투숙하고 근처 허술한 거리 식사로 때운다. 날씨는 건기라 비 올 걱정은 없지만 방은 좀 덥고 모기가 앵앵거린다. 우리 북쪽 지방 날씨와는 큰 차이가 난다.

이른 아침이다. 드디어 간단하게 아침을 먹고 바다 쪽으로 간다. 릭샤 두 대로 충분하다. 모래사장에 내려 준다. 이미 태양은 솟아 올라 일생 처음 보는 바다와 끝없는 수평선에 모두가 신기해하는데 표현하기 어려운 경외심과 무아지경에 빠진 듯한 표정이다. 누구도 말이 없다. 그저 망망대해를 바라볼 뿐이다. 그러다가 쩸데 노스님이 "우리 동네 흐르는 물이 다 여기로 모인 건가요!"라고 한다.

참 어이없는 말이다.

 일생 눈 떠서 사방의 높은 산만 보다가 이리 무한히 툭 터진 망망한 바다 수평선에 그저 감탄 감격할 뿐이다. 이게 바다라는 것이구나! 아, 이것이 바다여! 세상에 이런 곳도 있었구나!

 얼마가 지난 뒤 그제야 서로 이야기를 나누기 시작한다. 모래사장 끝으로 가기는 어렵다. 잔잔한 파도가 발 디디도록 허락을 않으니까. 그래도 호기심에 밀려 발이 물에 젖어도 물을 한 움큼 떠서 입에 넣는다. '아, 퉤퉤!' 얼른 짠물을 뱉어 내며 물이 쓰다는 표현의 말을 한다.

 사실 라다크의 물줄기가 다 모여 흘러가는 곳은 인더스강 파키스탄 쪽이며 카라치를 거쳐 아라비아해로 나간다. 라다크의 물줄기는 저 멀리 티베트 카일라스 북쪽에서 기원되는 강줄기인데 주민들은 쎙게 카밥(사자 입에서 나오는 물)이라 부르며 종교적인 성스러운 강줄기로 여긴다. 또 카일라스 서쪽 면에서 기원되는 강은 수틀레지(Sutlej)란 이름으로 역시 인더스강으로 유입된다. 그 강은 저쪽 히마찰프라데시 주를 관통하는데 티베트와 라다크 사람들은 랑첸 카밥(코끼리 입에서 나오는 물)이라 부르며 성스럽게 여긴다. 이 강도 역시 인더스강 중하류에서 만나게 된다.

 모랫벌에 모여 사진 찍는 것은 당연. 개인 사진도 부탁한다. 아마 라다크에 돌아가 '내가 바다를 보았다.'며 자랑하고 싶은 것이리라. 좀 시간이 흐르며 장사꾼들이 갖가지의 조개껍데기 액세서리를 선

연세가 팔십 줄인 라다크 노스님들의 처음 보는 바다.

보이니 노스님들, 완전 넋이 나간다. 사고 싶은 마음이 얼마나 클까를 알아차리지만 난 못 본 척하고 가격 흥정하는 말을 듣는다.

노스님들 주머니 사정으로 왈칵 살 수가 없는 것이다. 그러나 예쁜 조개껍데기가 매력적이고 탐이 나는 것은 당연하다. 내 눈에도 어떤 커다랗고 기다란, 색깔도 예쁜 것은 가지고 싶었으니까. 어찌 보면 라다크 스님들보다 인도인의 상술을 더 잘 아는 나인지라 무관심한 척 딴전을 피운다. 결국 아무도 그 조개껍데기를 사지 않고 아쉽지만 그냥 포기한다.

이때 내가 "우리 조금 있다가 폰디체리로 떠난다."며 가격을 반의 반으로 후려치고 이윽고 "갑시다." 하며 스님들을 재촉했다. 그랬더니 그 장사꾼 아저씨가 조개 꾸러미를 스님들께 한 개씩 걸어드리며 처음 가격의 반값도 안 되는 가격을 내게 달란다. 내가 이겼지만 그래도 장사꾼 아저씨에게 100루피를 더 얹어 주니 얼굴이 금세 환해진다.

마드라스에서 폰디체리로 내려가는 그 긴 모래사장은 과연 큰 나라임을 실감하게 한다. '실버 비치(Silver Beach)'란 이름인데 얼추 80킬로미터에 이른다고 한다. 여기서 웃음거리 한 구절.

1987년 처음 인도를 방문했을 때 실버 비치를 찾아간 여운이 참 좋았다. 한국에 돌아가 어느 아는 절에서 인도 다녀온 자랑을 하는데 바로 이 실버 비치를 얘기하던 중 모두가 폭소를 터뜨렸다. 절에는 밥해 주는 뚱뚱한 아주머니(공양주)가 있었고 초등생 아들이 함께 살았다. 실버 비치 길이가 80킬로가 된다는 말끝에 공양주 아들놈이 끼어들어 하는 말이라니. "우리 엄마도 80키로는 나가요!"

바닷가로 길이 나 있어 스님들에게는 보통 길이 아닌 것이다. 일부러 창가 쪽에 자리를 잡아 종일 바다를 보면서 가도록 했다. 인도도 전력을 일구는 풍력발전기를 군데군데, 주로 바닷가에 많이 만들어 놨다. 바람이 불면 뱅뱅 돌아가며 전기를 만든다는 것은 누구나가 안다. 그런데 이 스님들은 이런 풍력발전기를 처음 보는 것이다.

드디어 한 스님이, "오냐, 여기는 늘 더운 곳이라 나라에서 시원하게 하려고 이런 큰 선풍기를 세워 줬는가 보네!"라고 말하는 것이다. 모두가 그렇다고 생각하는지 어떤 말을 안 한다. 나 혼자만 배가 아프도록 웃다가 '저건 선풍기가 아니고 전기를 만드는 발전기계'라고 하니 이상하다는 표정뿐이다. 왜?

그 당시 라다크는 전기가 없던 때라서 전기가 어떻게 만들어지는지 과학적인 기본 상식이 전혀 없는 스님들이기 때문이었다. 지금은 라다크 지방에도 아까 말한 쎙게 카밥 물줄기를 막아 댐을 건설하여 소형이지만 발전소가 있다. 다만 겨울에는 꽁꽁 얼어붙고 수량이 적어 동면에 들어가는 발전소이다.

우리는 이 여행길을 어떤 여행이라기보다 가끔 터지는 돌발 사건

때문에 웃음보따리가 되는 여행으로 이어 간다. 중간 길에 꼭 가 봐야 할 아루나찰라 힌두교 성지를 참배하기로 했다. 세상이 다 아는 라마나 마하리쉬 성자의 수행터요 삶터이다. 노스님들은 전혀 모르는 곳. 그저 내가 이끄는 대로만 따라가는 꼴이다.

아쉬람 근처에 방을 잡고 사원과 산 주위도 가 보고 성자가 명상하던 바위동굴도 가 본다. 그저 다 새롭고 걸음걸음이 다 신비한 곳이다.

내려올 때 한 서양인 비슷한 사람이 나를 보더니 "자팬?" 하고 묻기에 큰 소리로 "노"와 함께 "꼬리아"라 했더니 서툰 한국말로 "저는 킴 세르게이입니다."라고 하는 게 아닌가!

얘기를 듣고 보니, 그는 국적이 러시아이고 고향은 사할린인데 할아버지 할머니의 고향이 경상도라고 했다. 지금은 블라디보스토크에서 산다며 불교 신자로 살아가지만 자기 지역에는 어떤 절이나 스님이 없다고 한다.

인도까지 어떻게 왔는가 물으니, 이건 완전 신판 왕오천축국전이 될 정도였다. 돈 아끼려고 몽골, 중국, 네팔을 거쳐 왔고, 갈 때는 파키스탄으로 해서 캐라코람 길로 중국, 거기서 무슬림 나라인 '탄' 자 붙은 나라를 다 들른 뒤, 마지막 카자흐스탄으로 하여 러시아로 나가 기차로 블라디보스토크까지란다. 하며 덧붙이는 말이, 파키스탄 비자 받는 비용이 100달러가 넘어 고민한다고. 이번 긴긴 여행에 비행기는 한 번도 안 타고 되돌아가는 스케줄이다.

한 스님은 기어코 새벽 4시에 일어나 이 성산 아루나찰라를 빙 돌아왔다. 도중에 한국 사람들을 만났다고 한다.

다음 날은 인도의 최고 꼬랑지 카니아쿠마리에 닿았다. 전 인도에서 온 순례객으로 엄청 붐빈다. 다들 환희심의 얼굴이다. 그중에 최고 멀리 아삼 지방에서 온 단체 할머니들은 참으로 순례자임을 옷차림으로부터 알아보게끔 모두가 하얀 옷이다. 몇 분은 불교도라며 노스님들 앞에 와 공손히 합장을 한다.

하루 쉰 후 저쪽 바다에 있는 섬에 가기로 한다. 거기에 큰 힌두 사원이 있다. 역사적인 사원이기에 꼭 참배해야 한다. 통통배를 타고 가야만 되는데 배 타는 게 그리 신나는가 보다.

신전 안에는 그 옛날 카니아쿠마리 성자의 족적이 있는데 어느 사원에 가도 없는 발자국이 한쪽만 있다. 보통 인도에서 성자를 기릴 때 꼭 두 발을 단정히 모시지만 그곳은 한쪽 발만 있는 것이다. 그 성자는 붓다가 될 때까지 일생 한쪽 발 수행으로 살았다고 한다. 우리나라에도 자기를 놓치지 않는 알아차림의 방편으로 한쪽 발 수행이 있어 왔다. 외족정진수행外足精進修行, 가히 정지正知 정념正念의 수행인 것이다.

1993년, 내가 좀 이른 나이였을 때 성산 카일라스를 도보 순례로 난행 고행의 경험을 마쳤다. 그때 한 유목민의 어떤 사건에 대한 말이 지금도 뇌리에 선하다. 인도의 한 사두가 성산까지 순례를 왔는데 시작점이 카니아쿠마리였단다. 거기서 성산까지 외발, 즉 한쪽

발(깨금발)로 뛰면서 왔다는 것이다. 7년이 걸렸단다. 참으로 인간의 종교적 신념이란! 생각만 해도 마음이 숙연해진다. 요즘 각 종교의 신봉자들이란 자기 희생은 없고 말로만 기도한다며 어쩌고저쩌고 할 뿐이다. 춥고 배고픈 수행자라면 진리에 이를 수 있다.

다음 날은 많은 시간을 이동했다. 남인도는 늘 고온다습하니 농사도 삼모작이다. 한쪽은 벼 심는데 옆에서는 타작을 하고 또 모내기를 한다. 스님들 사는 곳은 이런 벼농사가 없어 신기해한다. 우선 최저 해발 3,500미터라서 겨우 보리, 밀, 감자 정도의 농사다.

카르나타카 주에 이르렀다. 참 아름다운 곳으로 주로 야자수와 바나나 등 열대 우림이 대단하다. 박물관 등을 돌아보고 토종 밀림 꿀을 사서 한 병씩 안겨 드리니 좋아하신다. 이 꿀 새벽마다 한 숟갈 드시면 백세 장수하신다며! 꿀 종류가 다양한데 고대부터 케랄라 주 순수 꿀이 으뜸이고 약이 된다.

그러다 마지막 바다 한 번 더 보자고 유명한 고아 해변가로 올라갔다. 정식 바닷가에서는 세 번째 잠을 자고 음식을 먹는다. 바닷가 식당이라 해물 요리가 많은데 절대 사양이다. 라다크 사람들에게 물고기는 혐오 식품이기에 나만 따로 몰래 사 먹을 수도 없어 그냥 인도식 채식으로 해결하곤 했다. 나는 어렸을 적 자주 먹은 바닷가 음식이 아직도 최고다.

고아는 세계적인 겨울철 여행자의 천국으로 참 다양한 나라, 다국적 인종들의 전시장이다. 우리도 라다크 전통 자줏빛 승복으로 더러 어느 나라에서 왔는지 질문을 받는다. 며칠 일 없이 쉬고 걷고. 글쎄, 일생에 이런 시간 이런 곳이라니, 스님들께는 놀라운 세월인 것이다.

다음 퓌시카 낙타 동네에서 하루 쉬고 묵는데 어딜 가나 오랜 옛 힌두사원이 있어 그냥 구경거리다. 라다크 스님들은 종교에 관계없이 그저 신상을 보면 절부터 한다. 낙타를 타 보기로 했다. 한 마리에 두 명씩 끄덕끄덕 천천히 낙타걸음인데 그리 재미있는지 사진을 찍어 달란다. 이것도 돌아가서 자랑거리가 될 게 분명하다.

티베트 난민 삼보 사찰이 있는 꽤 먼 지역으로 택시를 이용하여 갔다. 간덴 쎄라 데풍 큰 절을 다 참배했고 노스님들은 라다크 절에서 공부하러 나온 아는 스님들이 있으니 숙식은 문제가 없다. 며칠 쉬면서 난민촌을 둘러보고 주위 볼거리는 다 돌았다. 귀한 정보라니, 여기서 그 자이푸르행 기차가 있다는 것이다.

그곳은 유명 관광지이다 보니 호텔 방값부터 비싸다. 음식도 비싸고. 아마 이번 여행길에 제일 쎈 곳이 되었으리라. 어느 옛 성안에는 볼거리가 많았다. 여러 짐승들을 예쁘게 만들어 놨는데 거의 실물과 같았다. 당신 태어난 해의 띠에 맞는 짐승들 앞에서 자기 사진을 찍어 달란다. 말띠와 돼지띠에서 그리 웃는다. 그러나 쥐띠와 닭띠, 토끼띠 짐승은 없었다.

놀랍게 자이푸르역에서 델리를 안 거치고 직통으로 펀자브 주의 암리차르로 가는 기차가 있다. 이젠 기차 안에서 1박 정도야 너무 쉬운 우리 이력이다. 오전 도착이어서 황금사원을 둘러본 후, 운 좋게 다람살라에서 외국 관광객이 타고 온 8인승 차를 만나 쉽게 다람살라로 들어올 수 있었다. 어찌 보면 인도를 빙 둘러본 여행길, 그저 신났고 즐거웠다. 색다른 음식도 먹어 봤고 색다른 풍광, 색다른 사람들에 원 없는 여행이 되었다. 그해 겨울은 이렇게 흐뭇하고 재미있는 여행길이 두고두고 이야깃거리로 남을 것이었다.

그러나 지금 15년이 지난 과거가 되면서 함께 갔던 노스님들 가운데에 단 한 분만 남고 다 돌아가셨다.

아홉 비구의 성지순례
44박 45일

　인도 라다크, 스피티, 키노르, 라홀 지역 불자로서 성지순례라는 말만 들어도 마음이 설렌다. 하지만 그들에게는 우선 경제적인 여유가 없다. 생각은 늘 죽기 전에 부처님 나신 곳부터 어디 어디는 갔다 오고 싶은데 마음만 간절할 뿐 실행이 어렵다. 우리나라 불자들의 성지순례와는 다른, 그들에게는 그들만의 신심과 헌신적인 순례 개념이 있다.

　자칫 잘못하면 성지순례가 그냥 놀러 갔다 오는 인상으로 남는 바 현지에서 기념사진 찍고 선물이나 몽땅 사 오는 그런 의미 없는 시간이 되기 쉽다. 그래서 순례는커녕 성지 관광이 되어 버린다. 순례란 순수 내면의 내적인 자기 변화가 와야 한다. 그게 가피인 것이다. 순례 이후 자기 삶에 변화를 가져오는 게 성지순례의 목적인 것이다.

 지난번 긴긴 여행 순례단의 이름은 스피티 네코르 순례단(Spiti Nekor Chokpa)이다. 알고 보니 매년 이런 순례가 있었단다. 그해가 무려 여덟 번째 실행되는 커다란 여행길이었던 것이다.

 이곳에서 함께 지내는 노스님들이 겨울이면 라다크의 혹한을 피해 연례적으로 나오신다. 4년 전에는 더 많은 스님들이 나오셨는데 당신들끼리 미리 입을 맞춰 기상천외의 부탁을 하는 게 아닌가. 즉 성지순례를 시켜 달라는 것인데 무려 아홉 스님이나 되었다. 문제는 일주일이나 열흘이 아닌 44박 45일의 순례. 또 인도 지역만이 아닌 저 멀리 부탄, 시킴, 네팔까지 빙 둘러보는 장기간의 순례 여행이었다. 팔십대 스님 네 분, 칠십대 세 분, 오십대 두 분이셨다.

 다행인 것은 외지 주민을 위한 이런 여행 계획이 일 년에 단 한 번 있는데 주로 라다크, 스피티, 마날리, 쿨루, 키노르 주민들이 함께하는 그런 여행이었다. 그러니까 좀 현명한 사람 몇 분의 지략으로 차량 전세며 숙식 등을 아주 세밀한 방법으로 짜서 맞춤 여행을 하는 것이었다.

 숙박은 어디 근사한 호텔이 아닌 마을 집을 빌려 가며 잠을 자고, 또 음식은 몇 사람이 장비를 갖춰 함께 이동하며 아침저녁은 손수 해 먹고 점심 정도는 길가 음식으로 해결하는 그런 극한의 경제적인 여행이다. 어찌 보면 실속을 챙겨 가며 시간에 쪼들리지 않는 멋진 순례 여행인 것이다.

제법 큰 도시 데흐라둔에 모여 근 오십 명의 인원이 한 달 반의 여행길을 떠난다는 것이다. 비용은 내 수준으로 볼 때 매우 싸다는 생각인데 참가자들은 몇 년을 준비해서 이런 길고 긴 여행길에 합류한다고 한다. 개인당 4만5천 루피(우리 돈 80만 원 정도)란다.

　기꺼이 순례 비용을 드리겠으니 잘 다녀오시라고 하면서도 팔십 넘은 네 노스님에 대해서는 은근히 걱정이 되었다. 힘들면 여행 중 그냥 돌아오시라는 말씀도 드렸다. 네 노스님 중 두 분은 영국 통치 때 티베트에 간 학구파 스님이기도 하다.

　당시 라다크 상황에서 티베트까지 가는 해외 유학파가 된다는 것은 가정 재력이 탄탄해야 가능했을 것이며 또 공부하려는 본인의 자질도 갖춰야 하는 게 기본 조건이 아닌가. 거기다 라다크에서 라싸까지 걸어가는 세월이라니. 두 달 넘게 걷고 걷는, 전설 따라 삼천리 몇 편이 나올 에피소드를 들으면서 과연 지금 첨단의 시대가 행복인지, 아니면 나귀 말 등에 먹거리 챙겨 천막 치고 노숙하며 세월에 네월아 하던 그 시절이 행복인지 생각해 본다. 특히 1959년 중국의 침략으로 공부 포기하고 다시 걸어 나온 의기소침해진 이야기를 들으면 마음이 짠하다.

　그런데 틱세 곰빠의 아왕 툽텐 스님의 귀환은 정말 웃음이 절로 터진다. 1959년이 아닌 1960년에야 티베트 땅의 감옥살이 일 년을 마치고 올 수 있었다니, 너무 어이없고 억울한 일인 것이다.

　사정은 이렇다.

중국 침략 후 달라이 라마는 인도로 망명하였다. 1959년 3월 인도와 티베트 교역로였던 시킴으로 걸어 천신만고 끝에 인도로 넘어왔다.

중국 공산당에서 1차로 하는 일은 종교를 없애는 것으로 스님들을 감옥에 강제 투옥시켜 사상교육 운운하며 당신들을 어떤 생산도 하지 않는 인민의 적 1호로 낙인찍는 것이었다. 감옥에서도 일하지 않으면 밥을 안 주니 매일 할당량의 강제 노동에 시달려야 했다.

그렇게 근 일 년이 지나면서 툽텐 스님은 티베트인이 아닌 인도 국적임이 밝혀져 감옥에서 출소하여 라다크에 겨우 돌아왔는데 이 이야기로 늘 '렌빠 스님'이라고 놀려대는 말을 들어왔다. 우리말로 '머저리 스님'이란 뜻이다. 일 년 넘게 감옥에서 헛고생이라니!

여기서 데흐라둔까지는 매일 밤 버스가 한 대 달린다. 여덟 스님이 여기를 출발했고 나머지 한 스님은 부다가야 성도지에서 합류하는 계획이었다. 우선 이 단체가 거쳐 가는 순례 관광의 길을 알아보자.

데흐라둔 출발 - 하리드와르 힌두 성지 - 아그라(타지마할) - 바라나시(초전법륜지: 3일) - 보드가야(성도지: 7일) - 바이샬리 - 쿠시나가르(열반지: 2일) - 슈라바스티(2일) - 룸비니(탄생지: 2일) - 부탄(5일) - 시킴(4일) - 네팔(14일) 카트만두(비행기 이동) - 델리 - 찬디가르 - 리왈싸(2일, 초빼마) 해산.

네팔 탁모 뤄진 곰빠(부처님 전생에 굶주린 호랑이에게 몸을 던진 사원).
처음으로 아홉 스님이 함께 사진을 찍었다.

바라나시 강가에서 전 순례단이 함께.

근 50일 만에 초뻬마에서 돌아오신 스님들, 걱정과 달리 얼굴에 포동포동 살이 쪄서 오신 모습에 얼마나 다행이었는지! 모두들 내 덕택에 그런 보람차고 훌륭한 순례를 마쳤다는 이구동성의 말씀이다. 먹고 자는 데 불편 없었고 늘 챙겨 주는 끼니도 맛있었단다.

인도 국적의 사람들은 부탄이나 네팔 인접 국가를 비자 없이 쉽게 입출국할 수 있다. 네팔에서 왜 그리 오래 머물렀냐는 질문에, 볼 게 많았다는 것이다. 많은 티베트 난민 곰빠와 힌두교 사원까지 많은 곳을 다닐 수 있었다고 한다. 그중에서 부처님 전생에 당신 몸을 굶주린 호랑이에게 보시한 절에도 갔다며 자랑이시다.

특히 부탄에서 가기 까다로운 딱창 곰빠(호랑이 동굴 사원) 참배가 그리 좋았나 보다. 힘 있고 젊은 사람들은 제 발로 걸어갈 수 있었는데 우리 노스님들은 말을 빌려 올라갔단다. 물론 그런 비용은 각자가 써야 하는 가외 요금이란다.

함께 참가한 곳곳의 불자들은 자기들이 복이 많아 이런 덕 높으신 비구스님들과 함께 순례한다며 좋아했다고 한다. 하긴, 노스님 아홉 명이 함께했으니 불자로서 뭔가 느낌이 새로웠을 거다.

카트만두에서 델리 비행 구간에서 많은 사람들이 난생 처음 타 보는 비행기라며 그리 신기해했단다. 찬디가르 도심에서 하루 자고 역시 불자들의 성지 초뻬마에서 회향하는, 그야말로 대장정의 여행 순례길을 마친 것이다. 초뻬마는 티베트 불교 종조라 할 구루 린포체(파드마삼바바)의 수행 동굴과 함께 연꽃 호수라 불리는 산정

쿠시나가르 열반지 대탑 터에서 순례 스님들.
모두 기쁨과 행복이 배어 있다.

호수가 큰 성지로 있다.

특히나 겨울이 되면 라다크 스피티 주민과 스님들의 추위를 피하는 안식처로 큰 쉼터 역할을 한다. 산정 호수의 전설 따라 삼천리 같은 이야기는 우리나라의 심청이가 인당수에 몸 버린 후 연꽃에서 태어나는 스토리와 너무나 같아 친근감이 간다.

순례 여행을 함께했던 아홉 스님은 당신 절에서 잘 계신다고 한다. 그러나 쟌스카 카르샤 곰빠의 최연장자이신 여든일곱의 롭상틴레 스님은 이제 거동이 불편하여 여기도 못 나오신다고 미리 연락을 받았다. 겨울이면 이곳 덜 추운 다람살라로 나오셔서 함께 지냈다.

라다크 스피티 지방의 겨울 혹한이란! 전기가 없으니 화롯불로 겨우겨우 추위를 이겨 나간다. 또 그곳은 나무가 없어 우리처럼 장작으로 불을 때는 게 아닌 말린 야크똥이나 소똥, 염소똥으로 불기운을 만든다. 겨울에 도반 만화 스님과 함께 그쪽을 한번 방문했다가 얼어 죽는 줄 알았다. 잠이 오지 않고, 설핏 잠이 들었다가 깨어서 시간을 보면 십 분 이십 분이 지났을 뿐이다. 이튿날 항공사에 가서 직원에게 초콜릿을 사 주며 잠무로 나가는 날짜를 당겨 다음 날 빠져나올 수 있었다.

참고로 인도에서 가장 아름다운 비행 코스는 잠무 - 레, 스리나가르 - 레 구간이다. 이륙하자마자 펼쳐지는 히말라야 설산 풍광에 넋을 잃는다. 저 멀리 파키스탄의 K2 산군과 낭가파르바트 산도 드러나는데 정말 가관이다. 작은 아쉬움이란, 겨우 반 시간으로 목적지에 닿는다는 것!

지금 겨울 속에, 그때 긴 순례를 하신 노스님은 세 분만 나와 계신다. 한 스님은 신장결석 수술을 한 후 예전 같은 기력이 안 돌아오고 식사량도 반절, 걸음도 부축을 받아야 할 정도로 부자유스럽다. 하긴 여든다섯 나이에 몸에 칼을 대는 수술을 받았으니 어디 간다는 것은 무리다. 그러나 당신은 죽기 전에 티베트를 가 보는 게 소원이다. 과연 가능할까?

말 배우기, 까까르 콩

지난겨울 라다크 노스님들과 함께 태국·라오스·캄보디아 세 나라를 순례했다. 말이 순례지 완전히 웃는 여행길이었다. 다행히 근래 인도 국적 여권 소유자도 도착 비자로 대체되면서 미리 받아야만 했던 그 걸리적거리던 비자 문제가 없어진 것이다.

사실 라다크 스님들이 여권을 내고 외국에 비행기를 타고 간다는 것은 꿈속에서나 가능할 일이다. 우선 경제적인 문제부터. 그리고 완전 깡촌 곰빠의 노스님들이라 영어도 모르고 외국 나가는 절차 등 아무것도 모른다. 이런 스님들과의 인연이 근 30년째다. 해마다 라다크를 돌아다니는 내 운명적 일, 그런 일이 내 수행길이기도 한 것이다. 라다크가 어디 자그만 동네나 읍 정도인가. 인도의 연방 직할지가 되는 큰 땅덩어리이다. 우리나라 남한 땅과 크기가 맞먹는다.

히말라야 산자락에 자리해서 오가기가 보통 고역이 아니다. 4,000미터가 넘는 고개만 열 개가 넘는데 그 험한 고개를 오르내린다. 거기에 늘 불안한 파키스탄과 중국 티베트 국경이 맞닿아 있어 아주 민감한 지역이기도 하다. 한쪽은 무슬림 지역이며 한쪽은 불교도 지역으로 확연히 나뉜다. 갈 때마다 특별허가서를 받아야만 하는 인도 아닌 인도 땅인 지역이다. 사실 지금은 인도 땅이지만 영국이 인도를 통치하기 이전엔 티베트 땅이었다. 언어·민족·자연환경·종교가 같은 티베트 문화권이어서 라다크를 리틀 티베트(Little Tibet, 작은 티베트)라 부른다.

언젠가부터 스님들이 팔십 넘어 건강히 오래 사시면 해외 불교 순례를 하겠다는 막연한 약속을 해 둔 적이 있었다. 한번은 노스님들이 신중하게 "언제 우리가 뱅기 타고 외국 가냐."고 묻기에 그냥 "돌아가시기 전에"란 말로 쉽게 대답했다. 혼자 그 말을 해 놓고 속으로 이렇게 기다리기만 하다가 그때까지 살아남을 노스님이 과연 몇 분이나 있을까 하는 의문이 들었다. 급한 생각이 든 건, 노스님들 나이가 다 팔십이 넘어 극노인이라는 것이었다.

결국 "빨리 가자. 아니, 올해 당장 가자."며 실질적 계획을 세우게 되었다. 그러다 이왕 태국에 간다면 주위의 옆 나라도 가자 해서 졸지에 삼개국 순례 유람이 된 것이다. 다행히 나라마다 쉬어 갈 사원이 다 연결이 되었다. 태국 방콕에서도, 또 라오스에서도, 캄보디아까지 어찌어찌 절 인연이 되었고 그게 안 되면 좀 허술한 여관에서 묵어 가며 옛길을 밟지 않는, 360도 빙 둘러보는 환상의 순례 관광으로 마치게 되었다.

소승불교권의 나라는 저녁을 절대 먹지 않는 게 불문율이기에 점심 후엔 빵과 과일을 미리 준비하여 한 방에 모여 누구 안 보는 데서 몰래 먹는 맛도 재미있었다. 여행 중 이동 시간이나 절 방에서는 이 얘기 저 얘기로 지루하지 않았다. 무엇보다도 한국말을 한 가지씩 가르쳐 드리고, 또 내가 모르는 라다크 본토의 원주민 말을 배우기도 했다.

라오스나 캄보디아 사원에 묵을 때 참 낭만적이었던 게, 이른 새벽에 마을에서 들려오는 닭 울음소리였다. 어렸을 적 시골에서 자라며 듣던, 닭, 소, 돼지, 개 등 집에서 늘 함께하던 짐승들 소리를 어찌 잊겠는가. 특히 이른 아침 닭 울음소리가 그리 애잔하며 근래에 들어볼 수 없는 소리여서, 노스님들께 한국에서는 저 소리를 '꼬끼오'라고 한다며 라다크에서는 뭐라 하느냐고 물었다. 놀랍게도 너무 다른 표현이라 한참을 깔깔대고 웃었다.

매일 새벽 잠자리에서 닭 울음소리를 배운 라다크 말로 따라 하니 박장대소다. 라다크 말로 우리 '꼬끼오'란 말은 이렇다. '까까르 콩!' 매일 내가 라다크 말로 '까까르 콩' 하면 노스님들은 '꼬끼오'란 말로 받아서 그리 웃고 웃었다. 여행 중 그 말로 이른 아침마다 웃음꽃이 될 수밖에!

그러면서 소, 개, 말의 울음소리 등 배우고 외운 단어가 끝이 없

가운데 앉아 계신 헤미스 곰빠의 아왕 도르제 스님이 주로 말을 창조해 내신다.

다. 짐승 새끼들의 이름까지도 가르쳐 드렸다. 개는 강아지, 소는 송아지, 말은 망아지 하면서 깔깔대고, 나아가 소나 송아지는 움머, 개는 멍멍멍, 강아지도 멍멍멍, 말은 히히히 힝을 따라 하시며 그리 웃었다. 안 웃고 어찌 따라 배우겠는가.

팔십 넘은 노인들이 이걸 용케도 안 잊고 답이 나온다. 차 타고 가면서도 내가 '개' 하면 '멍멍멍', '소' 하면 '움머', '말' 하면 '히히히 힝'을 하셨는데 유독 말 울음소리에는 당신들부터 그냥 박장대소다. 가르쳐 주는 나도 따라서 많이도 웃었다. 이렇게 매일 웃음이며, 틀릴 때는 우리말 '머저리'를 가르쳐 드렸다. 라다크 말로는 '렌빠'라는 똑같은 의미의 말이 있다. 렌빠 소리 안 들으려고 기어코 정답을 대는 것이다.

그러다가 닭과 닭의 새끼인 병아리를 가르쳐 드리려는 참에 난 완전 포복절도! 세상에 이럴 수가! 어미 닭과 새끼 병아리를 가르쳐 드리려는 참에 "닭의 새끼는"이라고 하는데 헤미스 곰빠의 아왕 도르제 노스님이 큰 소리로 "당아지"라 하는 게 아닌가! 즉 송아지 강아지 망아지를 가르쳐 드린 것을 알고서 짐승 새끼는 무조건 '아지'가 붙는다고 생각을 한 것이다. 놀라운 추리력이 거기에 쓰이다니!

당아지가 아닌 '병아리'를 따로 가르쳐 드리고 병아리 소리는 '삐약삐약'이라는 의성어까지 가르쳐 드렸다. 노스님들은 그리 신나시는가, 삐약삐약을 따라 하시며 박장대소의 연속이다. 내가 한국 사람으로도 들어본 적 없는 '당아지'란 말을 듣다니. 이런 식으로 이동 중이나 절 방이나 여관에서 매일매일 웃음소리가 끊이질 않았다. 이리 늘 웃으며 길 가는 건 상상도 못했다.

여행 날짜를 계산해 보니 22일간의 시간, 아니, 축복이요 감사의 시간이었다. 모든 순례 비용과 입출국 시의 비자 요금을 합쳐 보니 델리 - 방콕의 왕복 항공요금 외에 큰돈 쓰인 게 없었다. 무엇보다도 팔십 넘은 노인 몸으로 어디 아픈 적 없었고 뭐든 맛있게 잘 드시니 또한 걱정거리가 없었다. 곳곳에서 신도들의 보시 공양을 받았으며 몇 군데 큰 도시에서는 식사 비용을 다른 불자들이 그저 환희심으로 대신 지불했다.

이제 여행도 끝나 간다며 그동안 절약해서 남은 돈으로 멋진 호텔에서 뷔페식으로 먹자고 결정했다. 당신 일생에 수십 가지 음식 앞에서 자기 원대로 가져다 먹는 자유 뷔페식을 경험해 보도록 하고 점심 식사로 캄보디아 수도 프놈펜의 한 호텔로 안내했다.

순례 중 도우미로 함께한 젊은 스님 둘은, 으악, 다섯 접시째 날라다 먹는다. 또 노인이라지만 라다크 스님들 모두 세 번씩의 빈 접시다. 나야 늘 소식가. 그래도 그날은 커피 두 잔에 싱싱한 야채와 과일, 인도의 나 사는 데서 구경 못하는 새우와 몇 가지 해물 요리를 먹었다.

이상하게도 티베트와 라다크 사람들에게 해물은 금기사항이다. 인도 사람들도 물고기 먹는 것을 아주 상스럽게 여기기에 거의 먹

라오스 루앙프라방 사원의 어른스님과 사미승 함께.

태국(방콕)의 묵고 있던 왓팍남 사원에서 미얀마 스님들과 함께.

지 않는다. 내가 작은 새우나 멸치 먹는 것을 보면 벌레를 먹는 것으로 말한다. 어쨌든 당신들 일생에 그 많은 종류의 음식을 골라 먹어 보기는 처음인지라 참으로 행복해 보였다. 그리 드시는 것에 보는 나도 그저 흐뭇할 뿐이었다.

앙코르와트 사원에서는 규모나 독특한 절 모양이며 수많은 불상을 보며 처음엔 사진도 찍고 좋아하시더니 나중엔 그 넓은 곳을 다니는 데 힘들어하시며 이제 그만 돌아가자며 노인 체력의 한계를 알아차린다.

캄보디아에서 태국으로 나오기 전, 그래도 외국 다녀온 증표로 라다크에는 없는 귀한 선물거리를 사기로 했다. 사원 주위의 좌판이나 즐비한 가게를 둘러보며 맘에 드는 것 뭐든지 골라 보라 하니, 바닷가 조개껍데기 목걸이가 일순위이고 다음은 헝겊으로 만든 앙증스러운 코끼리 인형이다. 큰 것, 작은 것 많이 샀다. 정말 예쁜데 마리당 작은 것은 2달러, 큰 것은 5달러다. 빈 가방 가득 사도 100달러가 안 되었다. 마지막 방콕에서는 왓 아룬 새벽의 사원 절에서 불상을 두 구씩 사 드렸다.

22일이 걸린 여행을 마치고 인도에 돌아와 어느 곳이 제일 좋았는가 여쭈니, 라오스의 산골 절이 좋았다고 한다. 라오스에서는 열흘을 걸려 내려오며 그 나름대로의 느낌이 새로웠나 보다. 특히 팍세 도시의 산꼭대기 108불상군에서는 불상마다에 절을 올리셨다. 아마 메콩강 줄기를 따라 내려오는 풍광과 시골 사원의 운치며 어느 사원에 가도 반기는 데서 노승의 당신 일생을 반추해 보지 않았을까 생각해 본다.

어딜 가나 젊은 스님과 사미승들이 함께 사진 찍고 하는데 좋아하신다. 라오스 경치가 빼어난 루앙프라방의 한 절에는 같은 연배의 노스님이 계셨는데 우리를 그리 극진히 대접하며 선물도 주고 많은 얘기를 나눴다. 그 스님은 놀랍게도 영어와 프랑스어를 구사해서 우리 촌닭 노스님들과는 매우 큰 차이를 실감했다.

다람살라에 돌아와 노스님들 방에 기념이 될 사진을 인화해서 사방 벽에 큰 액자로 걸어 놓으니 누가 오면 사진 자랑부터 하신다. 이후 라다크 당신 절에 돌아가 외국 다녀온 자랑을 얼마나 했는지 곳곳의 곰빠에서 당신이 그렇게 모시고 다니며 외국을 구경시켜 드렸냐고 부러워한다.

지난여름 쟌스카의 샤니 곰빠에 들어갔을 때다. 처음 보는 노스님 왈. "케랑 꼬리아 겔롱르와(당신이 한국 비구승이지요)?" 그렇다고 하니 자기는 헤미스 곰빠에 사는 여든두 살의 아왕 린첸인데 "나도 외국 한번 델꼬 가 주세요." 하시는 그 말씀이 매우 순수하고 간절한 꾸밈없는 말로 들려, 반가이 "그라지요! 우선 올겨울 다람살라로 나오세요."라고 말씀드렸다.

여권부터 만들도록 해서 더 늙기 전에 가까운 스리랑카 정도 몇 노스님으로 순례를 구상해 본다. 스리랑카는 수도 콜롬보에 잘 아는 스님의 절이 있어 쉽게 다녀올 수 있는 곳이다. 그나마 요즘은 첸나이(구 마드라스)에서 콜롬보까지 한 시간 반 정도 나는 저가항공 비행기가 운항되고 있어 미리 항공권을 구입한다면 아주 저렴한 순례 여행이 될 것이다. 특히 히말라야 산속의 라다크 사람들은 바다 보기를 아주 희망하는데 스리랑카는 섬나라여서 라다크 주민들이 아주 좋아하실 거다.

그림자 속의 향기

초판 1쇄 발행 2025년 7월 1일

●

글	청전

펴낸이	오세룡
편집	박성화 손미숙 윤예지 정연주
기획	곽은영 이수연
디자인	고혜정 김효선 최지혜
홍보·마케팅	정성진

●

펴낸곳	담앤북스
주소	서울특별시 종로구 새문안로3길 23 경희궁의 아침 4단지 805호
대표전화	02-765-1251(영업부) 02-765-1250(편집부)
전송	02-764-1251
전자우편	dhamenbooks@naver.com

●

출판등록 제300-2011-115호

●

ISBN 979-11-6201-549-0 (03810)
정가 16,800원

●

본문 사진은 청전 스님께서 제공한 사진입니다. 몇 사진은 필요한 부분에 한하여 출처를 밝히고 실었습니다. 일부는 저작권자 확인 불가하여 추후 저작권이 확인되는 대로 적법한 절차를 밟겠습니다.

●

이 책은 저작권법에 따라 보호받는 저작물이므로 무단 전재와 복제를 금합니다.
이 책 내용의 전부 또는 일부를 이용하려면 반드시 저작권자와 담앤북스의 서면 동의를 받아야 합니다.